PRAXIS
GESUNDHEIT

Dr. med. Christian Wanger

Bewußte Ernährung – leicht gemacht

Die klassischen Diäten für Ihren persönlichen Weg, Ihr Wunschgewicht zu erreichen und zu halten

HERDER
Freiburg · Basel · Wien

Bitte beachten Sie, daß die medizinische Forschung ständig zu neuen Erkenntnissen führt. Alle Ratschläge, Rezepte und Hinweise in diesem Buch wurden von Fachleuten sorgfältig erwogen und geprüft, doch kann keine Garantie oder Haftung für Auswirkungen und Folgeerscheinungen jeglicher Art übernommen werden. Alle Therapievorschläge haben Beispielcharakter und müssen vom behandelnden Arzt an die jeweilige individuelle Situation angepaßt werden.

Genannte Medikamente sind jeweils nur Beispiele. Der Leser ist aufgefordert, die Beipackzettel der Präparate sorgfältig zu prüfen und eigenverantwortlich zu entscheiden, ob die dort genannten Dosierungen und Kontraindikationen in seinem Fall einen Gebrauch zulassen. Grundsätzlich ist jede Medikation Aufgabe des behandelnden Arztes.

Satz: GDV, Wien
Druck und buchbinderische Verarbeitung:
Wiener Verlag, Himberg bei Wien

ISBN 3-451-21645-0

Inhalt

Zweiter Teil

Ein Wort zuvor

Gerade in der heutigen Zeit, da die Gesundheit des Menschen durch ständig zunehmende Umweltbelastungen gefährdet ist, sollte unser Körper nicht zusätzlich durch unkontrollierte Nahrungsaufnahme und der sich daraus zwangsläufig ergebenden Dickleibigkeit mit ihren vielen Folgekrankheiten strapaziert werden. In vielen westlichen Industrieländern, allen voran die USA, werden seit Jahren möglichst naturbelassene, ernährungsphysiologisch wertvolle und gleichzeitig »leichte« Nahrungsmittel, sowie zahlreiche, sogenannte »Leicht-Getränke« propagiert und favorisiert. Unterstützt durch ausreichend Sport sowie – wenn überhaupt – mäßigen Alkohol- und Zigarettenkonsum, konnte zum Beispiel in den USA schon ein deutlicher Rückgang von Herzinfarkten erzielt werden.

Der Trend zum gesunden Schlanksein hat sich auch bei uns allmählich durchgesetzt. Selbstverständlich erfordert das Umdenken auf andere Eßgewohnheiten Kraft und Disziplin, aber ein gesunder Körper, allgemeines Wohlbefinden, zurückgewonnene Dynamik und gesteigertes Selbstbewußtsein sind wohl der größte und schönste Lohn dafür. Denn Übergewicht ist kein unabänderliches Schicksal und auch keine Krankheit. Aber es führt zum Kranksein, das heißt: zu hohem Blutdruck, Arterienverkalkung und Herzinfarkt, zu Gallen- und Nierensteinen, Fettleber, Zuckerkrankheit, auch zu Impotenz und Sterilität. Nur bei einem von tausend Fällen liegt die Ursache des Dickseins in hormonellen Störungen.

Auch der Glaube an erbbedingte Dickleibigkeit ist ein Irrtum. Wenn Großeltern, Eltern, Onkel und Tanten zu dick sind, so ist nicht die Erbmasse schuld daran, sondern lediglich die in dieser Familie seit Generationen gepflegte üble Gewohnheit des zu vielen Essens beziehungsweise des zu üppigen Kochens. Allerdings stimmt es, daß manche Menschen schneller dick werden als andere. Man spricht dann von »guten« und »schlechten« Futterverwertern. Die Wissenschaft hat nämlich schon vor über einem Jahrzehnt entdeckt, daß die Zahl der Fettzellen, über die jeder Erwachsene verfügt, bereits durch die Ernährung im Babyalter bestimmt wird. Wird das Kleinkind nun während dieser Phase unvernünftig überfüttert, entwickelt der Organismus viele Fettzellen, die sich später relativ leicht füllen lassen. Bei normaler Ernährung von Kind an werden weniger Fettzellen aufgebaut, und der Erwachsene kann demzufolge mehr Nahrung zu sich nehmen, ohne dick zu werden, weil ja nur das entsprechende Fettdepot gefüllt werden muß.

Allerdings kann eine Überfunktion der Insulin produzierenden Bauchspeicheldrüse oder der Nebenniere Übergewicht verursachen, ebenso eine Unterfunktion der Schilddrüse und Eierstöcke. Doch solche Krankheiten spielen, gemessen am Millionenheer von Dicken, eine äußerst geringe Rolle.

Es gibt auch keinen »leichten« oder »schweren« Knochenbau. Es gibt lediglich gröbere oder feinere Knochen. Zu welchem Typ man zählt, kann man zum Beispiel an den breiteren oder schmäleren Handgelenken erkennen. Der Unterschied des Knochenbaus macht maximal zwei Kilogramm des Körpergewichts aus. Also keine Ausflüchte: Nur falsche Eßgewohnheiten bringen zu viele Kilo auf die Waage. Doch hier soll keineswegs den kulinarischen Genüssen der Krieg angesagt werden. Im Gegenteil: Gerade das Wissen um eine bewußte Ernährung, über den Nährwert und den Einfluß der Nahrungsmittel auf unseren Körper, macht es uns erst möglich, die delikatesten Speisen auf den Tisch zu zaubern – und sie auch ohne Reue zu genießen!

Dieser Ratgeber will bewußt machen, wie das Ernährungssystem des Menschen überhaupt funktioniert, wie jeder einzelne seine speziellen Eßgelüste so steuern kann, daß leidige Gewichtsprobleme künftighin der Vergangenheit angehören. Aus diesem Grund wird hier eine Fülle verschiedenartiger

Diätkuren vorgestellt, die zeigen, wie man das individuelle Idealgewicht erreicht beziehungsweise erhält. Jeder kann deshalb selbst die für ihn in Frage kommenden Diätvorschläge so auswählen, daß sie in optimaler Weise seinem persönlichen Bedarf entsprechen.
Natürlich ist jeder Anfang schwer. Aber lassen Sie sich nicht gleich entmutigen! Im Grunde braucht es wirklich nur ein wenig guten Willen und Bereitschaft Ihrerseits, um das gewünschte Ziel zu erreichen: Ihr Körper wird sich Ihnen durch eine gute Figur, Gesundheit, Vitalität und Lebensfreude dankbar erweisen!

Ein ganz besonderer Hinweis aber noch: Die Vielzahl von Diätformen zur Gewichtsabnahme empfiehlt meist kurzfristige einseitige Ernährung. Wird einseitige Ernährung aber über zu lange Zeit betrieben, können sich gesundheitliche Beeinträchtigungen einstellen. Es ist daher ratsam, nach Durchführung einer Diät – mit allem dabei gewonnenem Wissen! – langfristig überhaupt den Weg zu ausgewogener Ernährung zu finden. Selbst eine Diät zur Gewichtsreduktion sollte immer alle Nährstoffe, Vitamine und Mineralstoffe enthalten!

Erster Teil

Der Weg zum Schlankwerden

Warum wird man dick?

Bevor man sich für jene Schlankheitskur entscheidet, die einem persönlich als die zweckmäßigste erscheint, sollte man sich einmal überlegen, warum man zuviel ißt. Erst wenn die Wurzeln dieses Übels bekannt sind, kann man es bekämpfen. Auf diese Weise wird man die gewählte Diät nicht nur erfolgreich durchführen, sondern den erzielten Erfolg auch halten können.

Schlechte Eßgewohnheiten werden sehr oft anerzogen und beginnen bereits im Kindesalter. Das fängt damit an, daß Eltern ihre Kinder für gute Leistungen oder Bravsein mit einem Stückchen Kuchen belohnen oder sie durch Vorenthalten der süßen Leckerei bestrafen. Somit stellt sich für das heranwachsende Kind unbewußt und allmählich das Essen beziehungsweise Naschen als Maß aller Dinge dar.

Sehr häufig ist die Ursache für unnatürlichen Eßzwang im seelischen Bereich zu suchen. Essen dient als Ersatzbefriedigung: Hier spielen emotioneller Streß, sexuelle Frustration, Langeweile, Einsamkeit oder enttäuschende Liebesbeziehungen und mangelnder Erfolg oft eine nicht zu übersehende Rolle.

Weitere Faktoren sind das Mißverhältnis zwischen Nahrungsaufnahme und körperlicher Bewegung, unregelmäßiges und damit auch unüberwachbares Essen während des Tags – auch unkontrolliertes Konsumieren von Alkoholika gehört dazu –, sowie – nicht zuletzt – ungenügendes Wissen um gesunde und vernünftige Ernährung.

Hier sollte sich ein jeder eingehend prüfen und versuchen, die erkannte Ursache zu beseitigen. Dies ist der erste – aber sehr wesentliche – Schritt zu einer erfolgreichen Schlankheitskur.

Einiges über Gewicht und Grundumsatz

Errechnung des Körpergewichts

Die nachfolgende Tabelle soll einen schnellen Überblick über das ungefähre Körpergewicht geben, das man bei einer bestimmten Größe und einem bestimmten Alter haben sollte. Hierzu sei noch folgendes erwähnt: Allgemein wird ein Unterschied zwischen Normalgewicht und Idealgewicht gemacht. Unter Normalgewicht versteht man jenes Gewicht, das man gerade noch bei einer bestimmten Körpergröße auf die Waage bringen darf, um nicht als übergewichtig zu gelten. Das Idealgewicht ist jenes Gewicht, das einen gut funktionierenden, gesunden Organismus und höchste Lebenserwartung verspricht.
Es gibt verschiedene Möglichkeiten, sein persönliches Idealgewicht zu berechnen. Da wäre zunächst einmal jene Formel von Bornhardt. Sie trägt der Körperbeschaffenheit (ob zierlich, hager oder robust) unter Einbeziehung des mittleren Brustumfangs einigermaßen Rechnung.

$$\text{Körpergewicht} = \frac{\text{Körpergröße} \times \text{mittlerer Brustumfang}}{240}$$

Den mittleren Brustumfang ermittelt man, indem man zweimal mißt – einmal nach tiefem Einatmen, das zweitemal nach völligem Ausatmen –, beide Werte addiert und das Ergebnis halbiert. Der Brustumfang wird bei Frauen ganz knapp über der Brust gemessen.
Beispiel: Körpergröße 180 cm, mittlerer Brustumfang 100 cm
Rechnung: 180 × 100 = 18.000 : 240 = 75 Kilogramm

Tabelle der durchschnittlichen Körpergewichte

von Männern (= M) und Frauen (= W) in Kilogramm nach Hassing-Schall

Körper-größe	25–29 J.		30–34 J.		35–39 J.		40–44 J.	
in cm	M	W	M	W	M	W	M	W
150	56,1	46,5	57,1	47,4	59,4	49,2	60,0	49,7
152	56,3	46,6	58,0	48,1	59,4	49,2	60,3	50,0
154	57,0	47,2	58,4	48,4	59,4	49,2	60,6	50,2
156	57,2	47,3	58,9	48,8	59,9	49,7	61,2	50,7
158	58,3	48,4	59,7	49,5	60,7	50,3	62,0	51,4
160	59,4	49,2	60,8	50,3	61,7	52,2	63,0	52,2
162	60,9	50,5	62,2	51,5	63,1	52,3	64,5	53,5
164	62,0	51,4	63,4	52,5	64,3	53,3	65,6	54,4
166	63,3	52,4	64,6	53,6	65,5	54,3	66,9	55,4
168	64,8	53,7	66,1	54,8	67,0	55,5	68,4	56,7
170	66,4	55,0	67,8	56,2	68,8	57,1	70,2	58,1
172	67,9	56,3	69,3	57,5	70,5	58,5	71,9	59,6
174	69,4	57,5	71,0	58,8	72,3	59,9	73,7	61,1
176	70,9	58,8	72,8	60,3	74,1	61,5	75,5	62,2
178	72,3	60,0	74,6	61,9	76,0	63,0	77,3	64,1
180	74,1	61,4	76,4	63,3	78,1	64,7	79,1	65,6
182	76,2	63,2	78,5	65,0	80,2	66,5	80,8	66,9
184	78,5	65,0	80,6	66,8	82,4	68,3	82,8	67,7
186	81,0	67,1	82,8	68,6	84,6	70,1	85,1	70,6
188	83,5	69,2	85,3	70,6	87,1	72,2	88,1	–

Alle angegebenen Zahlen beziehen sich auf morgendliche Wägung, unbekleidet, vor dem Frühstück, nach dem Stuhlgang. Für Kleidung (mit entleerten Taschen) sind abzuziehen: Im Sommer bei Männern 3 bis 4 kg, bei Frauen 2 kg, im Winter bei Männern 4 bis 5 kg, bei Frauen 3 kg.

45–49 J.		50–54 J.		55–59 J.		60–64 J.	
M	W	M	W	M	W	M	W
60,0	49,8	60,0	49,8	60,0	49,8	58,1	48,2
60,7	50,3	60,7	50,3	60,7	50,3	59,2	49,0
61,4	50,8	61,4	50,9	61,4	50,9	60,2	49,8
62,1	51,5	62,1	51,5	62,1	51,5	61,4	50,9
62,9	52,1	62,9	52,2	62,9	52,2	62,5	51,8
64,0	53,0	64,0	53,0	64,0	53,0	63,5	52,6
65,0	53,8	65,4	54,2	65,4	54,2	64,9	53,8
66,1	54,8	66,8	55,4	66,8	55,4	66,3	55,0
67,3	55,8	68,2	56,5	68,2	56,5	68,0	56,3
68,7	57,0	69,8	57,8	69,8	57,8	69,8	57,8
70,6	58,6	71,5	59,3	71,5	59,3	71,5	59,3
72,4	59,9	73,3	60,7	73,3	60,7	73,3	60,7
74,2	61,5	74,9	62,1	75,1	62,3	75,1	62,3
75,9	62,8	76,4	63,3	76,9	63,8	77,0	63,8
77,7	64,4	78,2	64,8	78,6	65,2	79,3	65,7
79,9	66,3	80,0	66,3	80,4	66,6	81,2	67,3
82,0	68,0	81,7	67,7	82,2	68,1	83,1	68,9
84,2	69,8	83,7	68,5	84,2	69,7	84,7	70,2
86,5	71,7	85,9	71,1	86,3	71,5	86,0	71,3
89,0	–	88,0	–	88,0	–	87,1	–

Die Berechnung des Normalgewichts nach dem sogenannten Broca-Index ist nicht ganz so präzise, weil sie den Körpertyp nicht berücksichtigt. Normalgewicht nach Broca ist Körpergröße in Zentimetern minus 100.
Beispiel: Körpergröße 180 cm minus 100 = 80 Kilogramm
Das Idealgewicht ist Normalgewicht minus 10 Prozent bei Männern, beziehungsweise 15 Prozent bei Frauen.
Beispiel: Körpergröße 180 cm minus 100 = 80 Kilogramm; minus 10 Prozent (8 kg) = 72 Kilogramm
Wer übermäßig dick ist (nach Broca-Index: über 125%) hat laut Statistik eine geringere Lebenserwartung als ein Normalgewichtiger.
Wer gesund ist und sich wohl fühlt, braucht sich sicherlich über leichtes Übergewicht keine Sorgen zu machen. Liegen jedoch Bluthochdruck oder ein erhöhter Zuckerspiegel vor, ist es ratsam, sein Körpergewicht zu reduzieren.

Errechnung des Grundumsatzes

Unter Grundumsatz versteht man jene Energiemenge, die ein Mensch bei völliger Ruhe und im Liegen – zwölf Stunden nach der letzten Nahrungsaufnahme – in einem Raum mit der Temperatur von 20 Grad Celsius durchschnittlich benötigt. Diese Energiemenge ist erforderlich für die Aufrechterhaltung der Herztätigkeit, Atemtätigkeit, Gehirnfunktion usw.
Die Höhe des Grundumsatzes ist unter anderem abhängig von Geschlecht und Lebensalter, ferner Körpergröße, Körperoberfläche, Körpergewicht und Klima. Beim Erwachsenen beträgt der Grundumsatz je Kilogramm Körpergewicht und pro Stunde 1 kcal (= 4,186 kJ).
Die folgende Tabelle soll einen Überblick über den täglichen ungefähren Gesamtenergiebedarf geben:

Erwachsene	männlich	weiblich
19 – 35 Jahre	2600 kcal/10884 kJ	2200 kcal/9209 kJ
36 – 50 Jahre	2400 kcal/10046 kJ	2000 kcal/8372 kJ
51 – 65 Jahre	2200 kcal/9209 kJ	1800 kcal/7535 kJ
über 65 Jahre	1900 kcal/7953 kJ	1700 kcal/7116 kJ

Diese Werte gelten für Personen mit vorwiegend sitzender Tätigkeit. Für schwerer Arbeitende sind folgende Zuschläge anzusetzen:

Mittelschwerarbeiter	600 kcal/2512 kJ
Schwerarbeiter	+ 1200 kcal/5023 kJ
Schwerstarbeiter	+ 1600 kcal/6698 kJ

Bei Schwangeren ab dem 4. Monat zählt man pro Tag 300 kcal/1256 kJ hinzu.

Diese Angaben beziehen sich auf die empfohlenen Richtwerte der Deutschen Gesellschaft für Ernährung (DGE).

Die drei Energiespender: Kohlenhydrate, Fett, Eiweiß

Die notwendige Energie, die der menschliche Köper täglich braucht, bezieht er aus drei Nährstoffgruppen: den Kohlenhydraten, den Fetten und den Eiweißstoffen (Proteinen). Eine gesunde und ernährungsbewußte Kost sollte sich aus 55 Prozent Kohlenhydrat-, 10–15 Prozent Eiweiß- und 30 Prozent Fettanteilen zusammensetzen.

Energieverbrauch bei 30 Minuten Tätigkeit

	kcal	kJ
Schlafen	0	0
Liegen (entspannt)	10	42
Sitzen (entspannt)	13	54
Stehen (entspannt)	22	92
Stricken	28	117
Auto fahren (Landstraße)	30	126
Schreibmaschine schreiben (elektrisch)	36	151
Klavier spielen	40	167
Spazierengehen (2 km/h)	51	213
Handwäsche (im Becken)	57	239
Schuhe putzen	63	264
Rühren (Hand)	69	289
Paddeln (73 m/min)	69	289
Morgengymnastik (leicht)	70	293
Teig kneten (Hand)	72	301
Geschirr spülen (Hand)	76	318
Rad fahren (10 km/h)	84	352
Kartoffeln schälen	84	352
Streichen (Wände)	85	356
Staubsaugen	88	368
Kaffee mahlen (Hand)	90	377
Einkaufen (mit 7-kg-Tasche)	90	377
Bügeln (Bügeleisen)	91	381
Betten machen	91	381
Staub wischen	93	389
Teppich klopfen (Hand)	94	393
Spazierengehen (5 km/h)	94	393
Auto fahren (Stadt, Hauptverkehrszeit)	96	402
Bowling spielen	97	406
Fenster putzen	99	414
Polieren (Möbel)	102	427

Durch Intensivierung einer Tätigkeit wird der Energieverbrauch gesteigert.

	kcal	kJ
Gehen (mit 10-kg-Last, 4 km/h)	120	452
Steine schleppen	108	452
Fußboden wischen	108	502
Unkraut jäten	133	557
Wäsche aufhängen	150	628
Gymnastikübungen	150	628
Schwimmen (Rücken, 23 m/min)	150	628
Golf spielen	155	649
Tischtennis spielen	165	691
Paddeln (126 m/min)	204	854
Tanzen	210	879
Tennis spielen	225	942
Fußballspielen	232	971
Rad fahren (20 km/h)	234	980
Skilanglaufen (4 km/h)	240	1005
Geräteturnen	245	1026
Treppen steigen (60 Stufen/min)	249	1042
Schnee schaufeln	250	1063
Reiten	265	1109
Alpines Skifahren (Schußfahrt)	270	1130
Bergsteigen	290	1214
Dauerlauf (9 km/h)	300	1256
Skilanglaufen (6 km/h)	330	1381
Schwimmen (Rücken, 37 m/min)	330	1381
Dauerlauf (12 km/h)	332	1390
Schwimmen (Brust, 50 m/min)	340	1423
Dauerlauf (15 km/h)	386	1616
Skilanglaufen (8 km/h)	390	1633
Schwimmen (Kraul), 50 m/min	420	1758
Skilanglaufen (10 km/h)	450	1884
Alpines Skifahren (Slalom)	690	2888

Kohlenhydrate bestehen aus den chemischen Elementen Kohlenstoff, Wasserstoff und Sauerstoff. Sie sind organische Substanzen. Je nach dem Aufbau unterscheidet man Einfachzucker, Doppelzucker und Vielfachzucker. Reich an Kohlenhydraten sind Getreideprodukte, Hülsenfrüchte, Süßwaren und Obst. Muskelfleisch von Fischen und Schlachttieren enthält Kohlenhydrate bloß in Spuren. Einfachzucker kommen in allen süßen Früchten sowie im Honig vor.
Zu den Doppelzuckern zählen Rohr- und Rübenzucker (unser Haushaltszucker), ferner aber auch Malz- und Milchzucker.
Die wichtigsten Vielfachzucker sind Stärke, Zellulose und Glykogen.
Doppelzucker und Vielfachzucker werden im Körper zu Einfachzucker abgebaut, um ins Blut aufgenommen werden zu können. Da das Blut nur eine begrenzte Menge an Zucker transportieren kann, werden nicht sofort benötigte Mengen von Einfachzucker in der Muskulatur und in der Leber in Form von Glykogen gespeichert. Sind jedoch die Glykogenspeicher aufgefüllt, werden überschüssige Einfachzucker im Fettgewebe zu Fetten umgewandelt.
1 Gramm Kohlenhydrate liefert 4,1 kcal/17 kJ.
Kohlenhydrate während einer Abmagerungsdiät aber gänzlich aus dem Speisezettel zu verbannen, wäre ein Fehler. Der menschliche Körper benötigt einen gewissen Anteil Kohlenhydrate, damit er die in der Nahrung enthaltenen und die gespeicherten Fettstoffe auch richtig verarbeiten kann.
Und nun zum zweiten Energiespender, den *Fetten:* Sie sind insbesondere in allen Pflanzenölen (Sonnenblumen-, Maiskeim-, Erdnuß-, Soja-, Olivenöl usw.), in der Butter und Sahne, im Eigelb, in allen Fleisch- und Wurstsorten, auch in etlichen Käsesorten und Fischarten, sowie zum Teil im Geflügel (Gans, Ente) und – nicht zuletzt – im menschlichen Körper vorhanden. Das übermäßige Vorhandensein von Fetten im menschlichen Körper liegt darin begründet, daß dieser selbst

Fett bilden kann und sich, wie schon erwähnt, für Notzeiten eine Energiereserve in Form von Fetten anlegt.
Man unterscheidet Fette mit gesättigten, einfach ungesättigten und mehrfach ungesättigten Fettsäuren. Für den menschlichen Organismus sind Fette mit einem hohen Anteil an mehrfach ungesättigten Fettsäuren von besonderer Bedeutung. Mehrfach ungesättigte Fettsäuren sind sogenannte essentielle Fettsäuren, d. h. der menschliche Organismus kann diese lebensnotwendigen Fettsäuren nicht selbst aufbauen. Sie müssen daher mit der Nahrung zugeführt werden. Einen hohen Anteil an mehrfach ungesättigten Fettsäuren haben pflanzliche Öle wie Sonnenblumen-, Maiskeim- und Distelöl.
Für die Ernährung sind Fette unerläßlich: Fette dienen als Energielieferanten, Reservestoffe und als Lösungsmittel (vor allem zum Transport mancher Vitamine). Sie haben auch eine Schutzfunktion, indem sie z. B. den Augapfel umkleiden. Ferner greifen sie in den Wärmehaushalt des Körpers ein und wirken an der Oberfläche von Haut und Haaren wasserabstoßend.
1 Gramm Fett liefert 9 kcal/38 kJ.
Fett wird in der Ernährung in Form von Kochfett, Streichfett und verstecktem Fett aufgenommen. Versteckte Fette finden sich hauptsächlich in Fleisch, Wurst, Milch und Milchprodukten sowie in Nüssen.
Fett ist konzentrierte Energie und der Kilokalorien-/Kilojoule-Gehalt ist mehr als doppelt so groß wie bei anderen Nährstoffen.
Als letzter Energiespender seien die *Eiweißstoffe* oder Proteine genannt: Die wertvollsten Eiweißlieferanten sind das Hühnerei (das Eiklar hat diesen Stoffen ja seinen Namen gegeben), alle Fleisch-, Fisch-, und Geflügelsorten, Milchprodukte und Hülsenfrüchte.
Die Eiweißstoffe bilden die Bausteine für das Wachstum unserer Körperzellen, ein Teil von ihnen wird auch zur

Wärmeerzeugung benützt. Ferner sind sie für das Stickstoffgleichgewicht im Körperhaushalt verantwortlich, das bedeutet, sie sorgen dafür, daß der menschliche Organismus stets genügend Stickstoff erhält und auf diese Weise seine eigenen lebensnotwendigen Gewebe nicht zerstört. Außerdem liefern die Eiweißstoffe jenes Rohmaterial, das bestimmte Drüsen für ihre Produktion benötigen: zum Beispiel die Hormone von Schilddrüse und Nebennieren. Energie und Vitalität – ja das Leben überhaupt – sind ohne Eiweißstoffe nicht möglich.
1 Gramm Eiweißstoffe setzt etwa 4 kcal/17 kJ frei. Dem menschlichen Organismus sollte während eines Tags mindestens 1 Gramm Eiweiß pro Kilogramm Körpergewicht zugeführt werden, damit er gut funktioniert.

Die Bedeutung der Vitamine und Mineralstoffe

Vitamine

Vitamine spielen in der Ernährung eine wichtige Rolle. Da es gerade bei Schlankheitskuren oftmals zu Engpässen hinsichtlich der Vitaminzufuhr kommen kann, sei an dieser Stelle ihre Bedeutung ganz allgemein kurz umrissen. Was bewirken Vitamine? Sie sind keine Kalorienspender – und daher auch keine Energieerzeuger. Trotzdem kann ungenügende Vitaminaufnahme zu gefährlichen Mangelerkrankungen führen, die wiederum ein Alarmzeichen dafür sein können, daß dem Körper auch andere wichtige Nahrungsstoffe vorenthalten werden. Vitamine sind für die chemischen Prozesse im menschlichen Körper lebenswichtig. Sie arbeiten Hand in Hand mit den Enzymen (Fermenten), die für die Beschleunigung der Körperchemie verantwortlich sind. Ohne Vitamine würden viele Enzyme ihre Tätigkeit verweigern – zum großen Schaden für den menschlichen Organismus. Die Vitamine werden in Vitamin A, den Vitamin-B-Komplex sowie in die Vitamine C, D, E, H, K und P unterschieden.

Vitamin A: Eine ausgezeichnete Vitamin-A-Quelle sind Möhren und grüne Pflanzen, wie grüner Salat (besonders die grünen Blätter), Lauch, Löwenzahnblätter, Petersilie und Grünkohl. Von den Früchten sind besonders Aprikosen, gelbe Pfirsiche und gelbe Kartoffeln erwähnenswert. Hier bestimmt die Intensität der gelben Farbe den Vitamingehalt. Je gelber die Frucht, desto höher der Vitamin-A-Anteil. Milchprodukte, Eier, Fischleber und Leber gehören ebenfalls zu den wertvollen Vitamin-A-Lieferanten. Es gibt auch noch das Provitamin A, eine Vorstufe des Vitamin A. Es kommt als Farbstoff Karotin und Kryptoxanthin größtenteils in gelben und grünen Pflanzen vor und wird von der menschlichen Leber in echtes Vitamin A umgewandelt.

Wie äußert sich nun Vitamin-A-Mangel? Da spricht man zunächst von der sogenannten »Nachtblindheit«, die sich durch erschwertes Sehen bei einbrechender Dunkelheit bemerkbar macht. Das kann sich zum Beipiel bei nächtlichen Autofahrten verhängnisvoll auswirken. Bindehautentzündungen, Wachstumsstörungen und Trockenheit der Haut und Schleimhäute können ebenfalls Folgen eines Vitamin-A-Mangels sein.

Vitamin-B-Komplex: Der Vitamin-B-Komplex umfaßt die Vitamine B_1 (Thiamin), B_2 (Riboflavin), B_6 und B_{12}. Besonders wertvolle Lieferanten dieser Vitamingruppe stellen Vollkornprodukte, Schweinefleisch, Nieren, Herz, Leber, Hirn, Milch, Kartoffeln, Eier, Hefe, grüne Erbsen, Blumenkohl, Endiviensalat, Spinat, Schnittlauch und Petersilie dar. Die B-Vitamine sind für ein gesundes Nervensystem, für den Stoffwechsel, das heißt für den Abbau der Kohlenhydrate und Eiweißstoffe, für die geistige Spannkraft, das Wachstum und die Zellatmung verantwortlich. Als Folgen eines Vitamin-B-Mangels können sich Müdigkeit, Nervosität, Kopfschmerzen, Schlaflosigkeit,

Depressionen, Hauterkrankungen und Herzbeschwerden einstellen.
Abschließend sei noch erwähnt, daß die B-Vitamine wasserlöslich sind. Aus diesem Grunde sollte man alle Flüssigkeiten, in denen Vitamin-B-haltige Nahrungsmittel gekocht werden, nie wegschütten, sondern stets weiterverwenden.
Vitamin C: Der Körper hat einen hohen Bedarf an Vitamin C. Dieses Vitamin ist in allen frischen Früchten, Beeren, Salaten und Gemüsen reichlich vorhanden. Besonders erwähnt seien Apfelsinen, Zitronen, Grapefruits, etliche Apfelsorten, schwarze Johannisbeeren, Erdbeeren, Grünkohl, Tomaten, Paprika, Kartoffeln, Möhren, Spargel, Petersilie, Schnittlauch und Dill. Auch Leber zählt zu den Vitamin-C-haltigen Nahrungsmitteln. Das Vitamin C sorgt für den Zellstoffwechsel (Atmung), ist daher wichtig beim Aufbau von Geweben, hilft Infektionen abzuwehren und wirkt entscheidend bei der Blutbildung und Wundheilung mit. Krankheitserscheinungen infolge Vitamin-C-Mangels treten sehr häufig im Frühling auf. Dies bedeutet, daß während der langen Wintermonate dem Körper nicht genügend frisches Obst und Gemüse zugeführt wurde. Energieverlust, allgemeine Abgespanntheit und Körperschwäche, Ruhelosigkeit und Reizbarkeit, ungesunde Gesichtsfarbe und Zahnfleischblutungen können sich als Folge von zu geringer Vitamin-C-Aufnahme einstellen, wie das früher bei Seefahrern, die wochenlang an diesem Mangel litten, zu Skorbut führte.
Ein kleiner Hinweis am Rande: Tomaten, Beeren, Spargel, Kartoffeln und Leber können ohne weiters gekocht werden, ohne ihren Vitamin-C-Gehalt zu verlieren. Ansonsten ist es empfehlenswert, speziell Vitamin-C-haltige Nahrungsmittel als Rohkost zu verzehren.
Vitamin D: Es gibt mehrere Arten von Vitamin D. Die gewöhnlichsten sind D_2 und D_3. Unsere Körperhaut verfügt über gewisse ölige Substanzen, die sich sowohl unter Einwirkung von Sonnenlicht als auch durch Bestrahlung mittels

Ultraviolettlampen in Vitamin D umwandeln. Auch mit einigen Nahrungsmitteln kann man dem menschlichen Organismus Vitamin D zuführen. Hierbei sind vor allem ölhaltige Fische, wie Sardinen, Heringe, Thunfisch und Lachs, als Vitamin-D-Spender zu nennen. Auch Eier, Milch und Butter liefern gewisse Mengen Vitamin D. Als bester Vitamin-D-Lieferant ist jedoch der Lebertran zu bezeichnen.
Die Aufgabe des Vitamin D besteht in der Regulierung des Kalzium- und Phosphatstoffwechsels. X- und O-Beine, Knochenverbildungen, Zahn- und Kieferschäden sowie Rachitis sind Folgeerscheinungen eines Vitamin-B-Mangels und treten meistens im Säuglingsalter und beim heranwachsenden Kind auf. Durch Gaben von Lebertran kann man diesen Mangel jedoch beseitigen.
Vitamin E: Dieses Vitamin kommt in Pflanzenölen – vor allem dem Weizenkeimöl –, in Eiern, Vollkornprodukten und in den meisten grünen Gemüsen, in Brunnenkresse und Erbsen vor. Vitamin E ist für die Stoffwechselvorgänge im menschlichen Körper und für die Drüsentätigkeit verantwortlich; es ist wichtig für die Erhaltung der roten Blutkörperchen. Bei Vitamin-E-Mangel kann es zu Muskelstörungen kommen.
Vitamin H: Vitamin H findet man in Hefe, Kleie, Milch und Eigelb. Es wird von der Darmflora selbst synthetisiert und mit Hilfe der Darmbakterien in den menschlichen Organismus aufgenommen. Es ist wichtig für Haut und Wachstum. Die möglichen Folgen eines Vitamin-H-Mangels können Seborrhöe, Haarausfall und Hautschäden aber auch Müdigkeit und Muskelschwäche sein.
Vitamin K: Nahrungsmittel, in denen Vitamin K enthalten ist, sind grüne Gemüse wie Spinat und Kohl, Blumenkohl und Tomaten. In kleineren Mengen findet man es auch in Getreideprodukten, in Hefe und Möhren. Dieses Vitamin ist wesentlich für die Bildung eines Stoffes, der das Blut zum Gerinnen bringt. Vom Körper kann es nur in Verbindung mit Gallensäure aufgenommen werden. Bei Leber- und Gallenlei-

den wird nicht genügend Gallenflüssigkeit produziert oder abgegeben, und das Vitamin K kann nicht in ausreichendem Maß resorbiert werden.
Vitamin P: Vitamin P kommt in allen Zitrusfrüchten und Grünpflanzen sowie in Trauben und Paprika vor. Es ist wichtig für die Gefäßwände der Kapillaren (Haargefäße), also der kleinsten Blutgefäße im menschlichen Körper. Ein Vitamin-P-Mangel kann daher eine abnorme Kapillar-Durchlässigkeit mit Blutungsneigung und Ödembildung bewirken.
Folsäure: Sie wird beim gesunden Menschen im Darm gebildet und kommt in Leber, Weizenkeimen, Blattgemüsen und Hülsenfrüchten vor. Gegen Sonnenlicht ist Folsäure besonders empfindlich. Sie erhält die Resorptionsfähigkeit der Darmschleimhaut und bewirkt die Reifung der roten Blutkörperchen. Blutarmut und Verdauungsstörungen können auf Folsäuremangel hinweisen.
Niacin: Niacin wird auch Nikotinsäureamid oder Vitamin PP genannt und gehört zur Vitamin-B-Gruppe. Es ist reichlich in Leber, Fleisch, Seefisch, Hefe, Pilzen und Vollkornprodukten enthalten. Als Folge eines Niacinmangels können Hautveränderungen, Pellagra (eine Krankheit, die Haut, Schleimhaut und Nervensystem verändert), Verdauungsstörungen und nervöse Störungen auftreten.
Pantothensäure: Pantothensäure wird auch als Vitamin B_5, beziehungsweise auch als Anti-graue-Haare-Faktor bezeichnet. Leber, Nieren, Herz, Fleisch, Eidotter, Weizenkeime, grüne Gemüse, Getreide und Erdnüsse zählen zu ihren Lieferanten. Pantothensäuremangel macht sich beim Fettstoffwechsel bemerkbar, doch sind Mangelerscheinungen sehr selten.

Damit die in den Nahrungsmitteln enthaltenen Vitamine nach Möglichkeit voll ausgenützt werden, wären einige Regeln zu beachten: Schon beim Einkauf von frischem Obst und Gemüse sollte man darauf sehen, daß die Ware zum Beispiel

keine welken Blätter oder braune Flecken aufweist. Frische grüne und gelbe Farbtöne lassen darauf schließen, daß Blätterpflanzen und Gemüse ausreichend Vitamine enthalten. Werden die Lebensmittel nicht sofort verbraucht, was natürlich am günstigsten wäre, so helfen Feuchtigkeit und dunkle, kühle Lagerung, die Vitamine der frischen Ware einigermaßen zu erhalten. Bei tiefgekühlter Kost kann man sicher sein, daß keine Vitamine zerstört wurden. Allerdings sollte man Gefrierware nicht lange bei Zimmertemperatur lagern und antauen lassen, sondern noch in möglichst tiefgefrorenem Zustand in siedendes Wasser geben und garkochen.
Die Speisen sollten bei geschlossenem Deckel so kurz wie möglich gegart werden. Am empfehlenswertesten ist die Verwendung eines Dampfdruckkochtopfes, da hier die Vitamine weitestgehend erhalten bleiben. Auch sollte man Umrühren während des Kochens vermeiden, niemals doppeltkohlensaures Natron beigeben und Gemüse mit heißem Wasser ansetzen. Das Kochwasser sollte nicht weggeschüttet, sondern anderweitig, zum Beispiel für Suppen, weiterverarbeitet werden. Beim Putzen von Gemüse und Früchten sollte man darauf achten, sie möglichst wenig zu berühren und anstatt eines Messers lieber eine Bürste verwenden.
Und nun noch kurz einige Worte zu den Vitaminpräparaten: Mit großer Sicherheit kann man annehmen, den täglichen Vitaminbedarf durch eine ausgewogenen Mischkost zu dekken. Die Einnahme von Vitaminpräparaten sollte mit einem Arzt besprochen werden – denn eine Überdosierung von Vitaminen kann dem Organismus auch beträchtlichen Schaden zufügen!

Mineralstoffe – Spurenelemente

Mineralstoffe sind für den menschlichen Organismus ebenso wichtig wie Vitamine. Ohne Mineralstoffe wäre eine mensch-

liche Existenz nicht möglich. Was bewirken nun die Mineralstoffe? Sie haben im Organismus eine Reihe von Funktionen zu erfüllen:
In gelöster Form (Elektrolyte) sind sie für die physikalisch-chemischen Zustände der Zell- und Körperflüssigkeiten verantwortlich (osmotischer Druck, pH-Wert der Flüssigkeiten).
Außerdem sind sie beteiligt am Aufbau des Knochenskeletts und der Zähne.
Manche Mineralstoffe sind Bestandteile von Enzymen und somit am Stoffwechselgeschehen beteiligt.
Durch die Ausscheidung (Harn, Stuhl) gehen die Mineralstoffe verloren. Daher müssen sie mit der Nahrung laufend ersetzt werden.
Einige der wichtigsten Mineralstoffe, die der Körper in großem Ausmaß benötigt:
Kalzium: Hervorragende Kalziumquellen sind Milch, Milchprodukte und auch Eigelb. Ebenfalls sehr kalziumhaltig sind grüne Blattgemüse, Erbsen, Bohnen, Möhren, Sellerie, Spargel und Blumenkohl. Kalzium ist für den Aufbau von Knochen und Zähnen wichtig und reguliert die Kontraktionsfähigkeit der Muskeln, was sich zum Beispiel auch auf den Schlagrhythmus des Herzens auswirkt, das ja ein Hohlmuskel ist. Außerdem spielt Kalzium bei der Blutgerinnung eine Rolle und dient zur Nervenberuhigung. Übermäßige Zufuhr von Kalzium führt zu krankhaften Ablagerungen in den Nieren und zu Nierensteinen. Wichtig im Stoffwechsel ist das Verhältnis zwischen Kalzium und Phosphat – Kalzium fungiert als Gegenspieler des Phosphats.
Phosphat ist fast in allen Nahrungsbestandteilen enthalten. Hiervon seien besonders die Getreideprodukte und Hülsenfrüchte erwähnt, aber auch Milch und Käse bieten reichlich Phosphat. Im Gehirn und in jeder Körperzelle befindet sich Phosphat. Es hat Bedeutung im Knochenaufbau und ist Bestandteil der lebenswichtigen Phosphatverbindungen.
Eisen: Von den tierischen Nahrungsmitteln sind Leber und

Nieren aber auch Kalb-, Schweine-, Rind- und Hühnerfleisch gute Eisenquellen. Vollkorn- und Schwarzbrot sowie Haferflocken liefern ebenfalls Eisen. Von den Gemüsen wären Rote Beete und Hülsenfrüchte zu erwähnen. Bei diesem Mineralstoff spielt nicht so sehr die große Menge, als vor allem seine täglich frische Zufuhr eine wesentliche Rolle. Eisen ist vor allen Dingen zur Regeneration der roten Blutkörperchen notwendig. Anämie ist eine der weitverbreitesten Eisenmangelerkrankungen.

Jod: Die besten Jodquellen sind Fische, Fleisch, Milch und Weizen. Bei den Gemüsen richtet sich der Jodgehalt nach der Bodenbeschaffenheit. Außerdem kann man Jodmangel mit Hilfe des Jodsalzes, einem Kochsalz, dem kleine Jodmengen beigesetzt sind, ausgleichen. Jod ist für ein tadelloses Funktionieren der Schilddrüse unerläßlich: Arbeitet die Schilddrüse zu wenig, sind Unlust, Trägheit, mangelnde geistige und körperliche Schwungkraft sowie Fettsucht die Folge. Besteht hingegen eine Überfunktion, so stellen sich Herzrasen ein, die Augen quellen hervor, man ist geistig überaktiv und unkonzentriert. Jod macht zwei Drittel der Schilddrüsensekretion aus. Ist nicht genügend Jod vorhanden, sucht die Schilddrüse durch Vermehrung der eigenen Substanz diesen Jodmangel wettzumachen. Auf diese Weise wird der Kropfbildung Vorschub geleistet. Und noch etwas sehr Wesentliches: Die Schilddrüse entnimmt dem Blut das darin befindliche Jod und stellt daraus, zusammen mit anderen Stoffen, das Hormon Thyroxin her. Langanhaltender Jodmangel, besonders in der Entwicklungszeit, führt zu Kropfbildung und zu geistiger und körperlicher Unterentwicklung.

Natrium: Natrium wird dem Körper vorwiegend in Kochsalz zugeführt. Es ist bedeutend für die Regulation des osmotischen Drucks, für das Gleichgewicht der Säuren und Basen und für den Wasserhaushalt. Außerdem ist Natrium für die normale Erregbarkeit der Muskeln und Nerven wichtig.

Steigt der Natriumgehalt im Körper stark an, kommt es zu

Flüssigkeitsansammlungen im Gewebe, da Kochsalz das Siebzigfache seines Eigengewichts an Wasser in den Geweben bindet. Erhöhter Blutdruck und Überbeanspruchung des Herzens können die Folge sein. Durch salzärmere Speisen, zum Großteil aus Reis, Südfrüchten, Obst und Gemüse bestehend, kann man diese Ödeme zum Verschwinden bringen und eine gute Besserung des Allgemeinzustandes erreichen. Bei Frauen kann es monatlich, meistens knapp vor der Menstruation, durch Wasseransammlung im Gewebe vorübergehend zu Gewichtszunahmen bis zu einem Kilogramm kommen. Dies ist darauf zurückzuführen, daß die Geschlechtshormone periodenweise die Salz- und Wasserspeicherung beeinflussen.
Kalium ist vor allem in jeder Art von Gemüsen und Obst reichlich vorhanden. Hauptaufgabe des Kaliums im menschlichen Körper ist die Aufrechterhaltung des osmotischen Drucks in der Zelle, ferner ist es als Kofaktor Bestandteil vieler Enzyme. Es wirkt mit bei der Reizübertragung von den Nerven auf die Muskelzellen und wirkt begünstigend auf die Wasserausscheidung.
Magnesium ist Hauptbestandteil des Chlorophylls, also jenes Stoffes, der die Pflanzen grün färbt. Grüne Salate und grünes Gemüse sind daher hervorragende Magnesiumspender, aber auch Nüsse und Hülsenfrüchte liefern Magnesium. Zusammen mit Kalzium hilft es, die Körpermuskulatur unter Kontrolle zu halten. Außerdem wirkt Magnesium beruhigend auf das Nervensystem, auch Fiebersenkung kann man durch Magnesiuminjektionen erzielen. Bei Magnesiummangel kann es zu Herzrhythmusstörungen oder zu Herzrasen kommen.
Zink ist enthalten in Rindfleisch, Leber, Hafer, Erbsen und Weizen. Es ist ein wichtiger Bestandteil von Enzymen und unentbehrlich für den Aufbau des Insulins.
Mangan: Reich an Mangan sind Lebensmittel pflanzlicher Herkunft, während tierische Lebensmittel einen niedrigen Mangangehalt aufweisen. Manganmangel wurde bislang nur in einigen Fällen bei künstlicher Ernährung beschrieben.

Ballaststoffe

In den vorherigen Kapiteln wurden die Hauptbestandteile unserer Ernährung ausführlich beschrieben. Zu einer vollwertigen Kost gehört natürlich auch ein gewisser Ballaststoffanteil (30–40 g pro Tag).
Zu den Ballaststoffen gehören Zellulose, Hemizellulose, Pektine, Schleimstoffe und Wachse.
Verschiedene Erkrankungen wie chronische Verstopfung, Darmkrebs und ein hoher Cholesterinspiegel werden unter anderem mit dem geringen Faseranteil der Nahrung in den Industrieländern in Zusammenhang gebracht.
Ballaststoffe fördern die Darmperistaltik und Darmentleerung. Außerdem nehmen sie das Hungergefühl und bewahren so vor einer überreichlichen Ernährung.
Um den Ballaststoffgehalt zu erhöhen, sollten vermehrt Vollkornprodukte in den täglichen Speiseplan eingebaut werden. Wichtig ist jedoch, für ausreichende Flüssigkeitszufuhr zu sorgen: mindestens 1 $^1/_2$–2 Liter Flüssigkeit pro Tag!

Eventuelle Nebenwirkungen bei Schlankheitskuren

Im allgemeinen dankt der Körper eine Gewichtsreduzierung mit Wohlbefinden. Das heißt: Hat man erst einige Kilogramm Gewicht verloren, fühlt man sich in der Regel leistungskräftiger, Trägheit verschwindet, man wird lebens- und unternehmungslustiger – und natürlich hebt ein Blick in den Spiegel und auf die Waage enorm das Selbstbewußtsein, macht stolz auf die wiedergewonnene schlanke Figur und das damit verbundene gute Aussehen. Hin und wieder kann es während einer Schlankheitskur jedoch auch vorübergehend zu kleine-

ren Nebenwirkungen kommen, die aber keine ernstliche Gefahr bedeuten. Sie verschwinden, sobald sich der Organismus auf den neuen Lebensrhythmus eingestellt hat. Manche verspüren am Anfang der Kur eine gewisse Müdigkeit, die meistens seelisch bedingt ist: sie sind einfach niedergeschlagen, weil ihnen Nahrung – häufig zählen die dickmachenden Lieblingsgerichte dazu – entzogen wird. In diesem Fall gilt es, eine gewisse Anpassungszeit zu überwinden. Belästigungen anderer Art können sich in leichter Überempfindlichkeit gegenüber Kälte, in trockener Haut, Benommenheit, Blähungen, Durchfall oder Verstopfung sowie gelegentlich auch in geringem Haarausfall äußern. Ab und zu kommt es auch zu schlechtem Mundgeruch, den man durch häufige Mundspülungen beseitigen kann. Bei Frauen können öfter auch Störungen im Menstruationszyklus auftreten.
Sollten ernsthaftere Schwierigkeiten auftreten, ist selbstverständlich ein Arzt zu Rate zu ziehen.

Einiges über gewichtsreduzierende Hilfsmittel

Appetitzügler: Appetitzügler sind chemische Präparate, die den Appetit senken. Gleichzeitig putschen sie den Organismus auf und bewirken durch dessen gesteigerte Aktivität einen erhöhten Kilokalorien/Kilojoule-Verbrauch. Diese Medikamente können süchtig machen und sogar den Tod zur Folge haben. Einige von ihnen wurden wegen ihrer gesundheitsgefährdenden Nebenwirkungen bereits aus dem Verkehr gezogen. In der Regel sollte man Appetitzügler vermeiden oder sie nur kurze Zeit unter ärztlicher Aufsicht nehmen.

Quellstoffe: Quellstofffe helfen den Magen zu füllen und bewirken damit ein Sättigungsgefühl. Sie werden vom Körper nicht aufgenommen und verarbeitet und sind aus diesem Grund auch keine Kilokalorien/Kilojoule-Spender. Quellstoffe sind unter anderem in den in Apotheken erhältlichen Schlankheitsmahlzeiten oder Sättigern enthalten. Einmal täglich eingenommen, sind sie durchaus unschädlich; mehrere Mahlzeiten am Tag sollte man jedoch vermeiden, ebenso die Einnahme über einen längeren Zeitraum, da dadurch Stoffwechselstörungen hervorgerufen werden können.

Diuretika: Diuretika sind harn- und wassertreibende Medikamente, die durch erhöhte Wasserausscheidung einen anfänglichen Gewichtsverlust bis zu zwei Kilogramm bewirken können. Der Organismus ist jedoch bemüht, bei der geringsten Möglichkeit das ausgeschiedene Wasser wieder aufzuspeichern. Zwingt man aber den Körper durch längere Tabletteneinnahme zu unnatürlicher Wasserausscheidung, so kommt es zu Mineralstoffverlusten, die überaus schädliche Folgen haben können.

Cyclamat: Cyclamat ist ein synthetischer Süßstoff. Er hat die dreißigfache Süßkraft des Zuckers, liefert aber keine Kilokalorien/Kilojoule. Daher ist er bei Schlankheitskuren die ideale Alternative zum Zucker, der weder Mineralstoffe noch Vitamine enthält (ja sogar als Vitaminräuber gilt) und als reines Kohlenhydrat nur ein unwillkommener Dickmacher ist. Zeitweise erheben sich immer wieder Stimmen, die Cyclamat als Krebserreger verteufeln, doch konnten diese Vorwürfe bisher als unzutreffend zurückgewiesen werden.

Aspartame: Aspartame ist ebenfalls ein synthetischer, auf Eiweißbausteinen basierender Süßstoff. Er hat eine 180- bis 200fache Süßkraft des Zuckers und ist bereits in etlichen Ländern zugelassen.

Zuckeraustauschstoffe: Hierzu gehören Fruchtzucker und Sorbit. Sie werden bei Diabetikerwaren bevorzugt, da sie den Blutzuckerspiegel nicht beeinflussen. Aber Vorsicht: Die Zukkeraustauschstoffe haben nahezu so viele Kilokalorien/Kilojoule wie gewöhnlicher Zucker.

Schlankheitsbäder, Schlankheitscremes, Schlankheitswäsche: Alle äußerlich anwendbaren Schlankheitsmittel führen nicht zum prophezeiten Erfolg. Sie machen nur die Brieftasche dünner. Schlankheitscremes führen höchstens durch deren persönliches Einmassieren zu minimal erhöhtem Kilokalorien/Kilojoule-Verbrauch. Bei der Schlankheitswäsche, die ein gezieltes Abnehmen bestimmter Körperpartien, wie zum Beispiel Bauch, Hüften oder Oberschenkel verspricht, kommt es durch Schwitzen zum vorübergehenden Wasser- beziehungsweise Gewichtsverlust, der aber durch vermehrtes Trinken sofort wieder ausgeglichen wird. Auch Schlankheitsbäder, zum Beispiel mit Algenzusatz, üben keine wie immer geartete Wirkung auf vorhandene Fettpolster aus.

Rauchen: Selbstverständlich ist eine Abgewöhnung des Rauchens nur zu begrüßenswert. Sollte aber mit dem Beginn einer Schlankheitskur zugleich der Schlußpunkt beim Rauchen gesetzt werden, so kann dies leicht zu Gewichtsunstimmigkeiten führen. Durch die Einstellung des Rauchens wird im Organismus der Sauerstoff besser genutzt und die Verdauung verlangsamt. Das kann zu einer Gewichtserhöhung bis zu drei Kilogramm innerhalb eines Monats führen. Wer nun künftig auf das Rauchen verzichten will, sollte demnach trachten, entweder vorher drei Kilogramm zu verlieren oder erst zirka zwei Monate nach der letzten Zigarette mit der Kur beginnen.

Antibabypille: Zwar ist die Antibabypille kein gewichtsreduzierendes Medikament, aber sie sei trotzdem hier erwähnt, da das Absetzen der Pille oder ein Wechsel der Pillenmarke einen Gewichtsverlust bis zu zwei Kilogramm bewirken kann. Die Antibabypille bindet nämlich durch die Hormone größere Wassermengen im Körper, was zu der erwähnten Gewichtszunahme führt.

Abführmittel: Die weitverbreitete Meinung, durch Abführtabletten sein Gewicht reduzieren zu können, ist leider falsch. Zwar werden durch eine beschleunigte Darmpassage die Nahrungsstoffe nur unvollkommen ausgewertet und verfrüht ausgeschieden, doch treten dabei, noch bevor eine sichtbare Gewichtsreduktion erreicht wurde, schwere gesundheitliche Störungen auf. Durch übermäßige Ausschwemmung lebenswichtiger Mineralien wird besonders der Mineralstoffhaushalt arg in Mitleidenschaft gezogen.

Unterstützende Maßnahmen zur Diät: Gymnastik, Sauna, Sport, Massage

Gymnastik: Die Kombination von Gymnastik und Diät ist der ideale Weg zu einer harmonischen Figur. Übergewicht kann man nur mittels Diät senken, aber Turnen unterstützt das Schlankheitsprogramm insofern, als es den Energiebedarf erhöht, die Fettpolster werden mobilisiert und auf diese Weise abgebaut. Außerdem werden durch Gymnastik die Muskeln gefestigt, der Körper wirkt dadurch drahtiger und schlanker. Auch die Bewegungen werden geschmeidiger, die Gelenke gelockert, und die gesamte Körperhaltung wird anmutiger. Mit gezielten Übungen kann man den problematischen Körperpartien zu Leibe rücken. In der folgenden Turnanleitung sind jene Körperteile besonders berücksichtigt, die bei Übergewichtigen am häufigsten bekämpft werden müssen, nämlich Taille, Bauch, Hüften, Po und Oberschenkel. Es sei noch erwähnt, daß Gymnastik bei offenem Fenster eine zusätzliche gesundheitsfördernde Wirkung hat.
Übung für die Taille: Beine grätschen, Hände im Nacken verschränken, Ellenbogen zurückdrücken. Dann Oberkörper nach vorn beugen, den Kopf dabei gerade halten. Nun mit

durchgedrücktem Rücken den Oberkörper einmal nach links und einmal nach rechts einen Halbkreis beschreiben lassen. Übung zehnmal wiederholen.

Übung für den Bauch: Flach auf den Rücken legen, Arme im Nacken verschränken. Nun Oberkörper langsam zum Sitzen aufrichten und genauso langsam wieder zurückrollen lassen. Beine bleiben dabei immer ausgestreckt. Übung zehnmal wiederholen.

Übung für die Hüften: Mit der rechten Hand an einer Wand festhalten, dabei mit erhobenem Kopf aufrecht stehen. Jetzt das gestreckte linke Bein dreimal in hohem Bogen über eine Stuhllehne schwingen. Dann umdrehen und das rechte Bein schwingen, während die linke Hand sich abstützt. Beide Übungen je fünfmal wiederholen.

Übung für den Po: Mit geschlossenen, ausgestreckten Beinen gerade hinsetzen, Arme in Schulterhöhe locker ausgestreckt. Jetzt beide Knie anziehen, nach rechts beugen, dabei Gewicht auf die rechte Sitzfläche rollen. Einatmen. Das Ganze mit der linken Seite wiederholen. Beide Übungen je zwölfmal.

Übung für die Oberschenkel: Auf den Boden setzen, Hände hinten seitlich abstützen. Beine lang ausstrecken (Knie durchgestreckt) und sie bis zirka 60 Zentimeter über den Boden heben. Dann Beine in der Luft möglichst weit spreizen und wieder zusammenschlagen. Geschlossene Beine wieder senken. Übung zehnmal wiederholen.

Sauna: Der weitverbreitete Glaube, in der Sauna werde überschüssiges Fett abgebaut, ist leider ein Irrglaube. Wenn man nach einem Saunabesuch zwei Kilogramm leichter ist, so hat der Körper zwei Liter Wasser ausgeschwitzt, aber schon beim nächsten Glas Flüssigkeit beginnt der Organismus das verlorengegangene Wasser wieder zu speichern. Dies hat folgenden Grund: In den Fettzellen wird zusätzlich Wasser gespeichert. Nach einem Saunabesuch ist dieses Wasser zwar ausgeschwitzt, die Fettzellen aber sind nach wie vor vorhanden und warten schon auf die nächste Möglichkeit, ihr Depot wieder aufzufüllen. Nur wenn Fettgewebe verlorengeht, kann sich weniger Flüssigkeit ansammeln. Dennoch wirkt die Sauna indirekt am Abbau der Fettpolster mit: Sie fördert nämlich die Stoffwechselproduktion und ist außerdem ein wunderbares Kreislauftraining.

Sport: Es ist wissenschaftlich eindeutig erwiesen, daß Bewegung – besser gesagt Aktivität – wesentlich bei der Bekämpfung des Übergewichts beteiligt ist.

Was wäre nun besser geeignet zur Aktivierung des Grundumsatzes als der Sport? Zumal man sich von den vielen Sportarten jene aussuchen kann, die einem persönlich am meisten Freude bereiten. Besonders beim Schwimmen und Radfahren werden Herz-Kreislauf- und Atemtätigkeit gesteigert. Der Stoffwechsel wird angeregt, und beim Schwimmen wirkt die Strömung des Wassers noch zusätzlich als Massage. Auch Reiten regt den Stoffwechsel an und kräftigt Bauch- und Beckenmuskulatur. Rudern und Paddeln fördern die Fähigkeit zur Dauerleistung und kräftigen Herz und Kreislauf. Ebenso wirken sich Tanzen und Eislaufen positiv auf Herz- und Kreislauftätigkeiten aus. Das Skilaufen, besonders aber die Skiwanderung und der Skilanglauf sind wahre Gesundheitsborne. Hier werden nicht nur der Stoffwechsel angeregt, Herz und Kreislauf trainiert und die Atemtätigkeit vertieft; hier bietet der Sport Bewegung im winterlichen Reizklima, tragen noch Ultraviolettlicht zur Vitamin-D-Bildung und Höhenlage zur Bildung der roten Blutkörperchen bei.

Massage: Gleich vorweg gesagt: Leider trägt keine Massage zur Reduzierung des Körpergewichtes bei. Trotzdem sei hier davon die Rede, weil Massagen gerade während einer Schlankheitskur zum allgemeinen Wohlbefinden beitragen können. Körpermassagen entspannen, aktivieren die tieferen Haut- und Bindegewebspartien und regen die Durchblutung der Muskulatur an. Spezialmassagen können Bindegewebsschwächen vorbeugen.

Praktische Hinweise

Richtiges Zubereiten der Speisen

Wenn man sich entschlossen hat, eine Diätkur durchzuführen, sollte auch für ein entsprechendes Rüstzeug in der Küche gesorgt sein. Es gibt verschiedene Arten, die Speisen fettsparend und vitaminschonend zuzubereiten. Da wäre zunächst einmal die beschichtete Pfanne, die ein fettloses Braten ohne Anbrennen gewährleistet. Ein kleiner Hinweis: Durch Zugabe von etwas Wasser und Streuwürze können die Gerichte saftiger und wohlschmeckender werden.

Der große Vorteil beim Schnellkochtopf oder Dampfdruckkochtopf liegt darin, daß er, bedingt durch die kurze Garzeit, besonders vitaminschonend ist.

Zwei andere Zubereitungsarten wären Garen in der Alufolie oder in einer Bratfolie. Hier werden die Speisen in der eigenen Flüssigkeit geschmort, bleiben daher besonders saftig, und auch die Vitamine werden weitgehend erhalten.

Eine andere Möglichkeit ist der Römertopf. Auch hier kann man meistens auf Fett- oder Wasserzugabe verzichten und die Gerichte im eigenen Saft braten lassen. Sie werden besonders knusprig.

Schließlich sei noch das Grillen erwähnt, das sich in der Hauptsache auf das Zubereiten der verschiedenen Fleischarten beschränkt. Dabei wird das Grillgut nur leicht mit Fett bepinselt. Beim Grillen schließen sich die Poren des Fleisches sehr schnell, so daß der Fleischsaft nicht austreten kann und alle wichtigen Stoffe erhalten bleiben.

Maß- und Gewichtsangaben

1 Kilogramm (kg) = 1000 Gramm (g)

1 Liter (l) = 10 Deziliter (dl) = 100 Zentiliter (cl) = 1000 Milliliter (ml)

1 Liter = 100 cl
$^3/_4$ Liter = 75 cl
$^1/_2$ Liter = 50 cl
$^1/_4$ Liter = 25 cl
$^1/_8$ Liter = 12,5 cl (125 ml)

1 Teelöffel = zirka 0,5 cl (5 ml) flüssiger Stoff
zirka 5 g fester Stoff
1 Eßlöffel = zirka 2 cl flüssiger Stoff
zirka 20 g fester Stoff
1 Glas = Trinkglas: 20 cl
Weinglas: 10 cl
Sekt-, Cocktailglas: 5 cl
Schnapsglas: 2 cl
1 Tasse = zirka 15 cl flüssiger Stoff
zirka 150 g fester Stoff
1 Teller = zirka 25 cl flüssiger Stoff
zirka 250 g fester Stoff

1 Scheibe Brot = 30 g (wenn im Rezept keine andere Angabe)

Richtlinien zur Zügelung des Appetits

1. Es sollte ein einziger, bestimmter Platz gewählt werden, an dem alle Mahlzeiten einzunehmen sind. Dies schützt weitgehend davor, daß man sich irgendwo anders – zum Beispiel am Kühlschrank oder am Herd – schnell ein paar zusätzliche Bissen einverleibt.
2. Wenn bei einer Diät die Möglichkeit besteht, schon den Speisenvorrat für den ganzen Tag vorbereiten zu können, so sollte der gesamte Tagesbedarf auf einem Tablett angeordnet im Kühlschrank aufbewahrt und nur von diesem gegessen werden. Auch diese Methode bewahrt vor unkontrolliertem Naschen.
3. Es ist ratsam, die Speisen – zum Beispiel Käse, Wurst, Fleisch, Gurken – in möglichst dünne Scheiben zu schneiden und auf Desserttellern zu servieren. Dadurch wirkt die Mahlzeit voluminöser, wobei der kleinere Teller den Eindruck noch verstärkt.
4. Es sollte langsam und bewußt gegessen werden. Auf gutes Kauen und Einspeicheln ist Wert zu legen. Hastig hinuntergeschlungene Nahrung erschwert dem Magen die Verarbeitung und verhindert den vollen Genuß der Mahlzeit, so daß man verleitet wird, seine Geschmacksnerven durch vermehrte Essensaufnahme zu befriedigen.
5. Man sollte noch ein bißchen Hunger verspüren, wenn man zu essen aufhört. Dies klingt fürchterlicher, als es tatsächlich ist, denn schon nach wenigen Minuten wird vom Organismus ein Sättigungsgefühl signalisiert. Ein Versuch lohnt sich!
6. Alle Verlockungen, die süßen wie die herben, sollten aus der Wohnung verbannt und dafür lieber eine Schale mit kalorien-/joule-armem Obst aufgestellt werden. Wenn man sich nun eine Mandarine (36 kcal/151 kJ) anstatt eines Elisenlebkuchens (205 kcal/858 kJ) zu Gemüte führt, wird der Diätplan nicht so durcheinandergebracht.

7. Man sollte den Gaumen nicht mit Alkohol reizen. Alkoholika regen den Appetit an, ohne daß echter Hunger besteht. Außerdem liefern sie noch zusätzliche Kohlenhydrat-Kalorien/-Joule, die sich nachteilig auf die Schlankheitskur auswirken.
8. Niemals sollte auf ein Frühstück verzichtet werden. Der Hunger läßt sich tagsüber viel leichter beherrschen, wenn man gefrühstückt hat. Außerdem werden diese Energien vom Körper restlos verarbeitet, man ist aktiver und erhöht dadurch seinen Energieverbrauch.
9. Sollte man zum Essen geladen sein oder ins Lokal gehen, sind Gerichte, deren Kalorien-/Joule-Wert sich nicht einschätzen läßt, wie zum Beispiel Pasteten, Ragouts, Hackbraten, zu meiden. Möglichst naturbelassene Speisen, wie gekochter Fisch, Steaks, englisches Gemüse oder grüner Salat, sind zu bevorzugen. Auch sollte man sich nicht höflichkeitshalber zum Nachnehmen verführen lassen. Diese »Ausnahmen« multiplizieren sich mit der Zeit und schlagen sich auf der Waage nieder.
10. Geistige Ablenkung während einer Schlankheitskur ist besonders empfehlenswert. Während dieser Zeit sollte man verschiedene Hobbies pflegen, Konzerte und Theatervorstellungen besuchen, sich mehr dem Beruf widmen oder sonst irgendwie beschäftigen. Langeweile verleitet zum Naschen und Knabbern. Wenn die Gedanken von anderen Dingen beansprucht werden, sinkt die Eßlust auf ein normales Niveau.
11. Bei einem Schaufensterbummel ist es angebracht, an Delikatessengeschäften, Konditoreien oder Bäckereien möglichst rasch vorbeizugehen. Man vermeidet dadurch jenen unangenehmen Eßreiz, der unweigerlich beim Anblick der verbotenen Köstlichkeiten ausgelöst wird. Auch sollte man nie mit knurrendem Magen einkaufen gehen. Allzu leicht verführt dieser dazu, Dinge einzukaufen, die völlig überflüssig sind.

Zweiter Teil

Die Diät-Methoden

Nulldiät

Die Nulldiät bedeutet totales Fasten, das heißt Verzicht auf jegliche feste Nahrungszufuhr. Trinken ist jedoch erlaubt, ja sogar zwingend vorgeschrieben: mindestens drei Liter Flüssigkeit müssen täglich getrunken werden. Bei strikter Einhaltung kann auf diese Weise das Gewicht innerhalb von vier Wochen um zirka zwölf bis vierzehn Kilogramm reduziert werden.
Die Nulldiät kann vier bis sechs Wochen lang durchgeführt werden. Dann sollte man eine andere Reduktionsdiät einschalten. Nach einiger Zeit kann die Nulldiät wieder fortgesetzt werden.
Um bei dieser Schlankheitskur lebensgefährliche Stoffwechselstörungen zu vermeiden und dem Anstieg der Harnsäure, die bei einer Nulldiät zwangsläufig auftritt und zu Gichtanfällen sowie Nieren- und Blasensteinen führen kann, wirkungsvoll zu begegnen, ist gesteigerter Wert auf die tägliche Mindestmenge von drei Litern Flüssigkeit zu legen. Folgende kalorien-/joule-freie Getränke sind zu empfehlen: Mineralwasser, Kräuter-, Frucht- und Blütentees, schwarzer Tee, sowie Malz- und Bohnenkaffee (dieser allerdings nur mäßig, besonders für Personen mit zu hohem Blutdruck). An kühleren Tagen kann heißes Wasser, abgeschmeckt mit Streuwürze oder flüssiger Maggiwürze, eine willkommene Abwechslung sein. Den eben erwähnten Getränken dürfen selbstverständlich weder Milch noch Zucker beigefügt werden. Nur Süßstoff ist erlaubt, da dieser ja keine Kalorien/Joule enthält. Verboten sind alle Arten von Alkoholika, einschließlich Bier, sowie zuckerhaltige Getränke wie Coca Cola oder Limonaden. Zitronensaft darf, in verdünnter und naturbelassener Form, nur gelegentlich genossen werden, da sonst eine Übersäuerung des Magens auftreten könnte.
Wann und wie werden nun diese drei Liter Flüssigkeit getrun-

ken? Am besten in kleineren Rationen über den ganzen Tag verteilt. Am Anfang der Diät, wenn zeitweilig noch Hungergefühle aufkommen, greife man immer dann zum Glas, wenn sich der Appetit meldet. Die zugeführte Flüssigkeit füllt den Magen und dämpft vorübergehend den Hunger. Auf diese Art freundet man sich schnell mit der ungewohnt hohen Trinkmenge an und wird in der Folge keinerlei Schwierigkeiten haben.

Wer kann die Nulldiät nun durchführen und wer nicht? Grundsätzlich ausgeschlossen sind Schwangere, schwer Zukkerkranke, Personen mit schweren Infektionskrankheiten und alle, die gerade eine schwere Erkrankung überstanden haben und deren Allgemeinzustand noch geschwächt ist. Anzuraten ist die Kur allen jenen, die mindestens zehn Kilogramm Übergewicht auf die Waage bringen. Alle anderen sollten sich mit einer anderen Reduktionsdiät begnügen.

Sollte man sich also für die Nulldiät entschieden haben, ist zunächst der Hausarzt aufzusuchen, der am besten beurteilen kann, ob man dazu gesundheitlich auch in der Lage ist. Besteht gegen das Fasten kein ärztlicher Einwand, kann man unverzüglich mit der Kur beginnen. Am besten wählt man einen Wochentag, um den »sonntäglichen Versuchungen« aus dem Wege zu gehen.

Personen in verantwortungsvoller Position, deren Beruf höchste Konzentration verlangt, sowie körperlich schwer Arbeitende sollten sich während der Nulldiät beurlauben lassen. Jene, die eine Tätigkeit mit geringer körperlicher Aktivität ausüben, können ihrer Arbeit ungehindert nachgehen.

Da in den ersten drei Tagen des Fastens das Hungergefühl noch relativ stark ausgeprägt ist, sind Ablenkungen aller Art ratsam. Ein großer Vorteil der Nulldiät liegt allerdings darin, daß nach den genannten kritischen Tagen der Hunger von alleine ausbleibt. Sportliche Aktivitäten, wie Radfahren, Tennis, Schwimmen usw., unterstützen noch die Gewichtsabnahme, da ja bekannlich körperliche Bewegung den Energieverbrauch steigert. Man muß sich immer vor Augen halten, daß man während dieser Kur keine Krankheitsphase durchläuft, sondern mit jedem verlorenem Kilogramm gesünder und »unbeschwerter« wird. Tägliche Gewichtskontrollen – pro Tag wird die Abnahme zwischen 400 bis 450 Gramm liegen – sind angebracht, und einmal wöchentlich ist der Hausarzt zwecks Blutdruck-, Harnsäure- und Mineralstoffmessungen aufzusuchen. Eventuell zwischenzeitlich aufgetretene Störungen können dabei besprochen und vom Arzt die entsprechenden medizinischen Präparate verordnet werden. Auf jeden Fall ist eigenmächtige Medikamenteneinnahme, auch was Vitaminpräparate und dergleichen betrifft, zu unterlassen. Ebenso soll während der Nulldiät auf blutfett-, blutdruck- und blutzuckersenkende Mittel verzichtet werden, da sich durch das Fasten meistens die krankhaften Werte wieder normalisieren. Alle anderen Medikamente, wie Herzpräparate, Antibabypille, Augentropfen, Salben usw., werden weiterhin eingenommen. Da es während dieser Kur zu einem Absinken des Blutdruckes kommen kann – die Symptome sind Schwindelgefühl, Kopfschmerz und Übelkeit – empfiehlt sich die Einnahme von blutdrucksteigernden Medikamenten, besonders dann, wenn man schon vor Beginn der Nulldiät unter zu niedrigem Blutdruck gelitten hat. Am einfachsten ist es, diese Probleme mit dem behandelnden Arzt durchzusprechen.

Zur Darmentleerung wird es ungefähr alle zwei Tage kommen. Abweichungen hiervon sind kein Grund zur Besorgnis und durchaus normal.

Raucher sollten ihren Zigarettenkonsum möglichst einschränken, da durch die Nikotinzufuhr Magenschleimhautreizungen auftreten können. Übelkeit und Erbrechen sind die Folge. Auch beim Autofahren ist Vorsicht geboten, insbesondere dann, wenn man unter Symptomen von zu niederem Blutdruck leidet.

Von Saunabesuchen ist während der Fastenkur auf jeden Fall abzuraten, da ein durch Sauna und Nulldiät bedingter Blutdruckabfall zu Kreislaufschwäche führen kann.
Wenn nun alle die erwähnten Ratschläge strikt befolgt werden, so ist ein durchschlagender Erfolg der Nulldiät gewährleistet. Läßt man sich weder durch ein leckeres Stück Torte noch durch ein saftiges Kotelett verführen, so kann innerhalb der ersten Woche mit einer Gewichtsreduktion von vier bis fünf Kilogramm, in der Folgezeit mit zirka drei Kilogramm wöchentlich, gerechnet werden.
Nach vier Wochen, spätestens jedoch nach sechs Wochen Nulldiät ist eine Reduktionskur mit gemischter Kost und einer täglichen Zufuhr von etwa 1000 bis 1500 kcal/4186 bis 6279 kJ empfehlenswert. Auch der Rhythmus: zwei Wochen Nulldiät – zwei Wochen Reduktionsdiät hat sich in der Praxis sehr gut bewährt.

Schnellkuren

Es folgen nun sieben Schnellkuren, die ohne Bedenken mehrere Tage lang durchgeführt werden können. Dabei ist eine Gewichtsreduktion von etwa drei bis vier Kilogramm zu erreichen. Diese Kuren können nach einer angemessenen Pause wiederholt werden. Es empfiehlt sich jedoch, sowohl während der Zwischenphase, in der wieder normale Kost gegesssen wird, als auch in der Folgezeit den Speiseplan möglichst knapp zu halten.

Käse-Sherry-Blitzkur (1300 kcal/5442 kJ)

Dieser Kur, bei der man ohne zu hungern – man nimmt täglich 1300 kcal/5442 kJ zu sich – verblüffend schnell abnehmen kann, liegt eine Überrumpelungstaktik zugrunde. Völlig überraschend wird der Organismus zwei Tage lang mit total einseitiger Kost konfrontiert. Genau diese Zeitspanne braucht der Körper auch, um sich der neuen Ernährungsweise anzupassen. Aus diesem Grunde ist die Kur auch nur zwei Tage erfolgreich. Während diese Diät als Störfaktor wirkt, wird das Gewicht um zwei Kilogramm reduziert. Wird die Kur weiter ausgedehnt, ist der Gewichtsverlust minimal, weil sich der Organismus bereits auf diese Art der Nahrungszufuhr eingestellt hat.
Am wirkungsvollsten ist die Käse-Sherry-Blitzkur gleich im Anschluß an sogenannte »Schlemmertage« anzusetzen – zum Beispiel nach Weihnachten oder anderen ausgedehnten Festivitäten. Das kurzfristig aufgespeicherte Fett hat somit keine reelle Chance, sich erst richtig festzusetzen. Außerdem ist diese Kur auch als verheißungsvoller Auftakt für eine Langzeitdiät anzusehen, weil man auf diese Weise gleich zu

Beginn zwei Kilogramm mit einem Schlage verliert. Bei diesem Gewichtsverlust handelt es sich zu einem großen Teil um echtes Fettgewebe.
Was darf nun pro Tag verzehrt werden?
300 g Hartkäse und 2 Glas trockener Sherry zu je 5 cl. Außerdem ist Mineralwasser in unbegrenzter Menge zu empfehlen. Kaffee und Tee sind ebenso erlaubt, jedoch ohne Milch und nur mit Süßstoff.
An Hartkäsen stehen folgende Sorten zur Verfügung: Edamer, Gouda, Emmentaler, Appenzeller, Tilsiter, Havarti. Abwechslung im Speiseplan kann man sich verschaffen, indem man verschiedene Sorten Käse am Tag verzehrt. Es dürfen nur die zugelassenen 300 Gramm nicht überschritten werden. Empfehlenswert ist die Aufteilung in fünf Portionen. Der Sherry sollte nicht vor der Mittagszeit, das heißt erst, nachdem man schon ein bis zwei Käserationen zu sich genommen hat, genossen werden. Dann wirkt der Alkohol zwar angenehm anregend und beschwingend, steigt aber nicht unangenehm zu Kopf.

Kartoffelpüree-Blitzkur (650 kcal/2721 kJ)

Diese Kur ist für alle jene geeignet, die zwar auf schnellste Weise ihr Gewicht reduzieren, aber wenig Zeit für die Zubereitung von Speisen sowie dem Herumtüfteln mit Kilokalorien/Kilojoule opfern wollen.
Diese Diät ist wohl eine der simpelsten überhaupt. Sie ist allerdings sehr einseitig, und daher sollte man sie nicht länger als zwei, maximal drei Tage hintereinander durchführen. Nach etwa zehn bis vierzehn Tagen kann sie ohne weiteres wiederholt werden. Täglich verliert man dabei ungefähr ein Kilogramm an Gewicht. Wie bei allen Blitzdiäten ist es auch hier ratsam, in den Zeiträumen nach oder zwischen den

einzelnen Kuren eine Reduktionskost einzuschalten, die 1500 kcal/6279 kJ pro Tag nicht überschreiten darf. Nur so bleibt der erzielte Gewichtsverlust erhalten.

Diese Diät kann jederzeit durchgeführt werden. Berufstätige sollten dazu jedoch Tage wählen, die weniger geistigen und körperlichen Einsatz als üblich erfordern. Für Abwechslung in der Freizeit sollte allerdings gesorgt sein.

Was darf man also während dieser zwei beziehungsweise drei Tage zu sich nehmen?

Nichts weiter als täglich 2 Portionen Kartoffelpüree, aufgeteilt in drei Mahlzeiten. Dazu verwendet man Fertigprodukte der verschiedenen Herstellerfirmen, wie beispielsweise Knorr, Maggi oder Pfanni. Man braucht nichts weiter tun, als zwei Portionen aus der Packung nach Anweisung zuzubereiten. Statt der angegebenen Vollmilch kann auch Magermilch verwendet werden. Diese enthält bei vollem Nährstoffgehalt weniger Kilokalorien/Kilojoule. Auf Butterzugabe muß verzichtet werden. Durch das Weglassen von Salz wird aus dem Körpergewebe noch zusätzlich Wasser ausgeschwemmt und auf diese Weise ein noch etwas größerer Gewichtsverlust erzielt. Selbstverständlich wird die ganze Angelegenheit dann auch um einiges geschmackloser.

Es sind nur folgende Getränke gestattet: Mineralwasser in unbegrenzter Menge (mindestens jedoch zwei Liter täglich), Kaffee und schwarzer Tee in Maßen (ohne Milch und Zucker, nur mit Süßstoff), sowie jede Menge Kräuter-, Früchte- und Blütentees. Alkoholika sowie Limonaden und Fruchsäfte sind während der Kur ausnahmslos verboten.

Abschließend sei noch darauf hingewiesen, daß keine der Personen, die gerade diese Diät getestet haben, über echtes Hungergefühl klagten.

Eier-Grapefruit-Kur (bis 870 kcal/3642 kJ)

Die folgende Kur ist für eine Woche berechnet. Dabei kann man sein Gewicht um etwa drei bis vier Kilogramm reduzieren. Grundlage dieser Diät bilden Eier, Grapefruits, Tomaten und Spinat. Da außerdem täglich aber noch ein Fleischgericht auf dem Speiseplan steht, ist die Kur gar nicht so einseitig, wie sie vielleicht auf den ersten Blick vermuten läßt, und sie wird daher recht gerne gewählt. Die tägliche Kalorien-/Joulezufuhr bewegt sich zwischen 525 bis 870 kcal/2198 bis 3642 kJ. Am besten suche man zur Durchführung eine geruhsame Woche aus, die Berufstätigkeit muß jedoch nicht unterbrochen werden. Es sei nochmals darauf hingewiesen, die Kur nicht länger als sieben Tage hintereinander durchzuführen. Nach einer angemessenen Pause kann sie ohne weiteres wiederholt werden. In der Zwischenzeit ist eine eingeschränkte Nahrungsaufnahme angebracht.
Getrunken werden dürfen nur kalorien-/joulefreie Getränke, wie beispielsweise Mineralwasser, Käuter- und Früchtetees, Kaffee und schwarzer Tee (ohne Milch und Zucker, nur mit Süßstoff). Wem der Verzicht auf Alkoholika ganz besonders schwerfällt, der darf sich pro Abend ein Glas tockenen Weißwein genehmigen. Dieses schlägt mit 61 kcal/255 kJ zu Buche.

1. Tag (770 kcal/3223 kJ)
Morgens: $^1/_2$ Grapefruit, 2 Eier, weich, hartgekocht oder im Glas, schwarzer Kaffee oder Tee
Mittags: 3 Eier, hartgekocht oder Rührei, $^1/_2$ großer Kopfsalat oder 150 g Chinakohl, 1 Scheibe Toast
Abends: 2 Eier, weich, hartgekocht oder im Glas, 4 kleinere Tomaten, schwarzer Kaffee oder Tee

2. Tag (770 kcal/3223 kJ)
Morgens: $^{1}/_{2}$ Grapefruit, 2 Eier, weich, hartgekocht oder im Glas, schwarzer Kaffee oder Tee
Mittags: 2 Eier, pochiert, 2 kleine Tomaten, 1 große Portion Spinat, $^{1}/_{2}$ Grapefruit, schwarzer Kaffee oder Tee
Abends: 1 großes Filetbeefsteak (mit $^{1}/_{2}$ Teelöffel Fett gebraten), $^{1}/_{2}$ Kopfsalat oder 150 g Chinakohl

3. Tag (800 kcal/3349 kJ)
Morgens: 2 Eier, wachsweich gekocht, 1 Grapefruit, schwarzer Kaffee oder Tee
Mittags: 2 Eier, hartgekocht oder Rührei, 1 große Portion Spinat, schwarzer Kaffee oder Tee
Abends: 1 großes Kalbsschnitzel (mit $^{1}/_{2}$ Teelöffel Fett gebraten), 150 g Salatgurke oder 2 Gewürzgurken oder 6 Cornichons, 3 kleine Tomaten)

4. Tag (595 kcal/2491 kJ)
Morgens: 1 Ei, wachsweich oder im Glas, $^{1}/_{2}$ Grapefruit, schwarzer Kaffee oder Tee
Mittags: 250 g Obstsalat aus frischen Früchten, ohne Zucker (mit Süßstoff)
Abends: 200 g gebratene Rindsleber (mit $^{1}/_{2}$ Teelöffel Fett), 2 größere Tomaten, 150 g Salatgurke oder einige Cornichons

5. Tag (525 kcal/2198 kJ)
Morgens: 1 Ei im Glas, $^{1}/_{2}$ Grapefruit, schwarzer Kaffee oder Tee
Mittags: 2 Eier, wachsweich gekocht oder Rührei, 1 große Portion Spinat, schwarzer Kaffee oder Tee
Abends: $^{1}/_{4}$ Brathähnchen oder 1 Forelle blau, gemischter Salat aus 2 kleinen Tomaten, 150 g Salatgurke, $^{1}/_{2}$ kleine Paprikaschote. Mit Streuwürze, Essig und 1 Teelöffel Kräutern würzen.
Kein Öl verwenden!

6. Tag (655 kcal/2742 kJ)
Morgens: 2 Eier, weich, hartgekocht oder im Glas, $^{1}/_{2}$ Grapefruit, schwarzer Kaffee oder Tee
Mittags: gemischter Salat aus 2 kleinen Tomaten, $^{1}/_{2}$ Kopfsalat, 150 g Salatgurke. Mit Streuwürze, Essig, Knoblauchpulver und frischen Kräutern abschmecken. Kein Öl verwenden!
Abends: 2 Eier, wachsweich, pochiert oder als Omelett, 1 große Portion Spinat, 2 bis 3 Eßlöffel Magerquark, mit etwas Mineralwasser und Kräutern mischen, Gewürze nach Geschmack beifügen. 1 Scheibe Toast

7. Tag (870 kcal/3642 kJ)
Morgens: 1 Ei, weich, hartgekocht oder im Glas, $^{1}/_{2}$ Grapefruit, schwarzer Kaffee oder Tee
Mittags: $^{1}/_{2}$ Brathähnchen, 3 kleinere Tomaten, $^{1}/_{2}$ Grapefruit
Abends: 1 Forelle blau, 210 g Blumenkohl, gekocht, $^{1}/_{2}$ Grapefruit

Fisch-Fitkur (zirka 700 kcal/2930 kJ)

Diese Kur ist Fischliebhabern wärmstens zu empfehlen. Sie liefert bei geringem Kalorien-/Joulegehalt ein großes Maß an hochwertigen Nahrungsstoffen. Durchgeführt wird diese Diät sieben Tage. Mit einer Gewichtsreduktion bis zu vier Kilogramm kann gerechnet werden. Besonders zu empfehlen ist die Kur während der fischreichen Monate, also im Januar, Februar und März. Hier ist das Angebot an frischen Fischen reichlich und preisgünstig. Hochwertige Eiweißzufuhr in Form von Fisch und dessen hoher Gehalt an Mineralstoffen, Vitaminen und Spurenelementen sind ausschlaggebend, daß der Organismus gerade während dieser Diät besonders leistungsfähig bleibt. Sie ist also auch für Berufstätige bestens

geeignet. Ein bißchen Liebe zum Kochen wird allerdings abverlangt beziehungsweise muß etwas Zeit für die Zubereitung der einzelnen Gerichte aufgewendet werden. Dafür schmeckt es aber dann um so leckerer und macht diese Kur zu einem richtigen Schlemmervergnügen. Da auch in den meisten Restaurants Fisch und Meerestiere in angemessener Auswahl angeboten werden, kann die Diät selbstverständlich auch einmal mit einem auswärtigen Mittag- oder Abendessen unterbrochen werden, ohne daß der Kalorien-/Jouleplan durcheinandergebracht wird. Dabei sollte jedoch auf schwere fette Saucen, Kräuterbutter oder sonstige kalorien-/joulereiche Zutaten verzichtet werden.
An Getränken sind nur Mineralwasser und mit Süßstoff angerichtete Kräuter- und Früchtetees, sowie schwarzer Kaffee und schwarzer Tee erlaubt.
Anmerkung zu den nachstehend angeführten Rezepten: Kochfisch, gedünsteter Fisch und Fisch für diverse Salate werden in einem Sud gegart, der aus folgenden Zutaten herzustellen ist: Sellerie, Lauch, Möhren, Zwiebel und Petersilienwurzel werden zusammen mit Wasser, Essig, Weißwein, Zitronensaft und -schale angesetzt und mit Lorbeerblatt, Wacholder, Salz und Piment abgeschmeckt.

1. Tag (660 kcal/2763 kJ)
Morgens: 20 g Knäckebrot, schwarzer Kaffee oder Tee
Mittags: Rotbarschgulasch: 150 g Rotbarschfilet, 50 g Tomaten, 50 g Zwiebeln, 50 g Champignons, 100 g Paprikaschoten, 20 g Tomatenmark, 10 g Reis zum Mitkochen, Knoblauch, Curry, Salz, Pfeffer, Rosenpaprika, Thymian, gemischte Kräuter. Beilage: 30 g Kopfsalat, 50 g Radieschen
Zubereitung: Geschnittene Zwiebeln, Paprika und Tomatenmark mit etwas Wasser aufsetzen und einkochen lassen. Dann Champignons beigeben und aufgießen. Mit Knoblauch, Curry, Salz, Pfeffer, Rosenpaprika, Thymian würzen. Reis zufügen und nach etwa fünf Minuten den gewürfelten Fisch und

die Tomaten. Alles auf kleiner Flamme kochen lassen. Mit reichlich Kräutern anrichten.
Abends: Überbackener Kabeljau: 200 g Kabeljau, 100 g Tomaten, 30 g Zwiebel, 10 g Gouda (45 % Fettgehalt). Salz, Thymian, Oregano, Schnittlauch.
Beilage: Sellerierohkost, bestehend aus 50 g Sellerieknolle, 50 g geriebenen Äpfeln, 50 g Magerjoghurt.
Zubereitung: Kabeljaufilet würzen und zusammen mit etwas Fischsud in eine Auflaufform hineingeben. Nacheinander mit Tomaten- und Zwiebelscheiben sowie Gouda belegen. Mit Thymian, Oregano und Salz bestreuen und bei etwa 200 Grad überbacken. Mit Schnittlauch anrichten.

2. Tag (680 kcal/2846 kJ)
Morgens: 20 g Knäckebrot, schwarzer Kaffee oder Tee
Mittags: Fischklopse: 150 g Seelachs, $^1/_2$ Ei, 10 g Zwiebeln, 20 g Möhren, 10 g Semmelbrösel. Salz, Paprikapulver, Kräuter.
Beilage: Tomaten-Bohnengemüse, bestehend aus 100 g Tomaten, 100 g grünen Bohnen, 50 g Zwiebeln, Salz, grobem Pfeffer, Bohnenkraut, Petersilie
Zubereitung: Fischklopse: Seelachs durch Fleischwolf drehen, mit gehackten Zwiebeln, geraffelten Möhren, $^1/_2$ Ei und Semmelbröseln vermischen. Mit Salz, Paprikapulver und Kräutern würzen. Klopse formen und im Fischsud auf kleiner Flamme garen.
Tomaten-Bohnengemüse: Grüne Bohnen, mit Zwiebeln, Pfeffer, Salz und Bohnenkraut in etwas kochendem Wasser einkochen lassen. Kurz vor dem Anrichten die abgezogenen und geviertelten Tomaten zufügen. Dann Klopse in das Gemüse legen und mit viel Petersilie bestreut auftragen.
Abends: Krabbensalat: 100 g Garnelen, 50 g Ananas, 50 g Apfelsinen, 20 g Magerquark, 10 g Eigelb, 5 cl Apfelsinensaft, 10 g geriebener Meerrettich, Zitronensaft, Salz, Süßstoff.
Beilage: 20 g Toastbrot.

Zubereitung: Marinade aus Eigelb, Apfelsinensaft, Meerrettich und Magerquark abrühren. Mit Zitronensaft, Salz und Süßstoff würzen. Apfelsinenfilets, Ananasstücke und Garnelenfleisch unterheben und ziehen lassen.

3. Tag (660 kcal/2763 kJ)
Morgens: 20 g Knäckebrot, schwarzer Kaffee oder Tee
Mittags: Fischtopf: 100 g Schellfisch, 70 g Kabeljau, 45 g Miesmuscheln (Dose), 50 g Garnelen, 50 g Auberginen, 50 g Lauch, 50 g Erbsen, 50 g Möhren, Lorbeer, Wacholder, Apfelsinenschale, Salz, Knoblauch, Cayennepfeffer, Safran, Petersilie.
Zubereitung: Aus Auberginen, Lauch, Erbsen und Möhren, gewürzt mit Lorbeerblatt, Wacholder und Apfelsinenschale eine Gemüsebrühe zubereiten. Mit den restlichen Gewürzen abschmecken. Knapp vor dem Garwerden den zerpflückten Schellfisch und Kabeljau beifügen, zuletzt Garnelen und Miesmuscheln. Mit Petersilie anrichten.
Abends: Seezungenröllchen mit Champignonfülle: 150 g Seezungenfilet, 100 g Champignons, Weißwein, Zitronensaft, Salz, Streuwürze, Petersilie. Beilagen: Spargelgemüse, bestehend aus 200 g Spargel, Streuwürze und ein paar Tropfen Zitronensaft. Tomatensalat, bestehend aus 150 g Tomaten, 20 g Zwiebeln, Salz, Pfeffer, Essig und einer Spur flüssigen Süßstoff.
Zubereitung: Gesäubertes Seezungenfilet mit Weißwein und Zitronensaft beträufeln und salzen. Champignons kochen, fein zerhacken, mit Eigelb und reichlich Petersilie vermischen, mit Salz und Streuwürze abschmecken. Diese Paste auf Seezungenfilets streichen, aufrollen, in eine kleine Auflaufform geben und mit wenig Weißwein auffüllen. Im Backrohr dünsten.

4. Tag (710 kcal/2972 kJ)
Morgens: 20 g Knäckebrot, schwarzer Kaffee oder Tee
Mittags: Gefüllte Paprikaschoten mit Seelachs: 150 g Seelachs,

200 g Paprikaschoten, $^1/_2$ Ei, 50 g Tomatenwürfel, 10 cl Milch (3,5 % Fettgehalt). Pfeffer, Salz, Paprikapulver, Rosmarin. Beilage: Chicoreesalat, bestehend aus 100 g Chicoree, 50 g Apfelsinenfruchtfleisch, Gewürze nach Geschmack.
Zubereitung: Von den gesäuberten Paprikaschoten Deckel abschneiden, mit Salz und etwas Paprikapulver ausreiben. Seelachs klein würfeln, mit Tomatenwürfeln und verquirlter Eiermilch vermischen. Mit Pfeffer, Salz und Rosmarin würzen. Diese Masse in die Paprikaschoten füllen und im Backrohr oder Dampfdrucktopf garen. Die Fülle muß stocken.
Abends: Heilbuttsalat: 150 g Heilbutt, 30 g Erbsen, 30 g gekochter Sellerie, 50 g Mandarinen, 30 g Magerjoghurt (1,5% Fettgehalt). Salz, eine Spur flüssiger Süßstoff, Zitronensaft, Curry, Senf, Petersilie. Beilage: Grüner Salat, bestehend aus 100 g Kopfsalat, Salz, Essig und ein paar Tropfen flüssigem Süßstoff.
Zubereitung: Heilbutt im Fischsud garen und erkalten lassen. Gekochten Sellerie, Erbsen und Mandarinen mit Magerjoghurt vermengen. Mit etwas Senf, Zitronensaft, Salz, etwas Süßstoff, Curry und Petersilie herzhaft abschmecken. Unter diese Masse vorsichtig den zerpflückten Heilbutt mischen.

5. Tag (670 kcal/2805 kJ)
Morgens: 20 g Knäckebrot, schwarzer Kaffee oder Tee
Mittags: Schellfischtopf: 200 g Schellfischfilet, 50 g Möhren, 50 g Kartoffelwürfel, 50 g Paprikaschoten, 50 g Pfifferlinge, 30 g Sellerie, 30 g Lauch, 30 g grüne Bohnen, Salz, Curry, Lorbeer, Dill.
Zubereitung: Möhren, Paprikaschoten, Pfifferlinge, Sellerie, Lauch und grüne Bohnen zerkleinern und etwa 20 Minuten in wenig Salzwasser kochen. Erst jetzt die Kartoffelwürfel beifügen. Mit Salz, Curry und Lorbeerblatt würzen. Zum Schluß den gewürfelten Schellfisch hineingeben und gar ziehen lassen. Mit reichlich Dill anrichten.
Abends: Kaltes Kabeljaufilet in Remouladensauce: 200 g

gekochtes Kabeljaufilet, 20 g Zwiebelwürfel, 50 g Gurken, 50 g Tomaten, 100 g Magerjoghurt, $^1/_2$ hartgekochtes Ei. Salz, Streuwürze, Pfeffer, Essig, Petersilie, Schnittlauch. Beilage: Grüner Salat, bestehend aus 50 g Kopfsalat, 2 g Maiskeimöl, Salz, etwas flüssigem Süßstoff und Essig. 10 g Knäckebrot.
Zubereitung: Kabeljaufilet kochen und im Sud erkalten lassen. Aus Zwiebelwürfeln, Tomaten, Gurken, Ei, Magerjoghurt, Essig, Salz, Streuwürze, Pfeffer Schnittlauch und Petersilie eine sämige Sauce bereiten und diese dann über das Filet gießen.

6. Tag (670 kcal/2805 kJ)
Morgens: 20 g Knäckebrot, schwarzer Kaffee oder Tee
Mittags: Gegrillte Scholle: 300 g Scholle im Stück, 5 g Maiskeimöl, Salz. Beilagen: Feldsalat, bestehend aus 30 g Feldsalat, Essig und Gewürze nach Geschmack. Bunter Kartoffelsalat: 90 g Pellkartoffeln, 50 g Tomaten, 50 g Salatgurke, 30 g Radieschen, 10 g Zwiebeln, 10 g Gartenkresse. Brühe, Salz, Pfeffer, Essig, Kräuter.
Zubereitung: Gegrillte Scholle: Gesäuberte Scholle salzen und sparsam mit Öl bestreichen. Auf beiden Seiten bei 160 Grad grillen.
Bunter Kartoffelsalat: Aus Fleischbrühe, Essig, Salz, Pfeffer, Zwiebeln und Kräutern Marinade bereiten. Tomaten, Gurken, Radieschen, Kresse und die noch warmen Pellkartoffeln zerkleinern. Marinade darübergießen und nochmals abschmecken.
Abends: Forelle in Aspik: 1 Forelle (zirka 250 g) 50 g Tomaten, 50 g Möhren, $^1/_2$ gekochtes Ei, 2 g Gelatine, Salz, Essig, Zitrone, Wacholder, Lorbeer, Suppengrün.
Beilagen: Endiviensalat, bestehend aus 30 g Endiviensalat, Streuwürze und etwas flüssigem Süßstoff. 20 g Knäckebrot.
Zubereitung: Forelle im Fischsud garziehen lassen. Gelatine in kaltem Wasser aufquellen lassen. $^1/_8$ Liter Fischsud mit der

Gelatine mischen und herzhaft säuerlich mit Essig, Zitronensaft und Salz abschmecken. Die Hälfte der Masse in Aspikform gießen. Erstarren lassen. Dann mit Tomaten-, Möhren- und Eischeiben ausgarnieren. Die ganze Forelle hineinlegen und mit der restlichen Aspikmasse auffüllen. Nach dem Erstarren stürzen.

7. Tag (690 kcal/2888 kJ)
Morgens: 20 g Knäckebrot, schwarzer Kaffee oder Tee
Mittags: Karpfen blau mit Apfelmeerrettich: 250 g Karpfen im Stück, Fischsud. 50 g Apfel, 10 g geriebener Merrettich. Beilagen: 1 kleine Kartoffel, mit Petersilie angerichtet. Feldsalat, bestehend aus 50 g Feldsalat, Essig, Streuwürze und etwas flüssigem Süßstoff.
Zubereitung: Karpfen mit Essig bespritzen und nach dem Blauwerden im Fischsud kochen. Dann Apfel schälen, fein reiben, mit geriebenem Meerrettich vermengen und mit Zitronensaft abschmecken. Zum Karpfen reichen.
Abends: Schellfischauflauf: 150 g Schellfisch, 100 g Blattspinat, 10 cl Milch (3,5 % Fettgehalt), $^1/_2$ Ei, 10 g geriebener Parmesan, Salz, Knoblauch, Muskat. Beilage: Gurkensalat, bestehend aus 150 g Salatgurke, Essig, Salz, Pfeffer und etwas Knoblauchpulver.
Zubereitung: Blattspinat in Salzwasser abbrühen und auf den Boden einer Auflaufform füllen, dann den Schellfisch darauf verteilen. Milch mit Ei verquirlen und mit Salz, Muskat und Knoblauch abschmecken. Diese Eiermilch über den Fisch gießen. Im Backrohr stocken lassen und mit Parmesankäse bestreut anrichten.

Schnelldiät für Berufstätige (zirka 1000 kcal/4186 kJ)

Waren viele der bisher vorgestellten, kurzfristig an Gewicht reduzierenden Diäten auch für Berufstätige geeignet, so ist die folgende Kur speziell für diejenigen entwickelt, die im Berufsleben stehen und insbesondere tagsüber wenig Zeit für das Zusammenstellen von Mahlzeiten beziehungsweise für Kalorien-/Jouleberechnungen aufwenden können. Die angeführten Rezepte für die diversen Mittagessen können bereits am Abend des vorhergehenden Tages zubereitet und an die Arbeitsstätte mitgenommen werden.
Bei dieser Diät kann ein Gewichtsverlust von durchschnittlich drei Kilogramm pro Woche erzielt werden. Da die Kur einige Abwechslung bietet und etliche hochwertige Nahrungsstoffe in ihr enthalten sind, kann sie ohne Bedenken zwei bis drei Wochen hintereinander durchgeführt werden. Dabei muß allerdings bedacht werden, daß sich in der Folgezeit die wöchentliche Gewichtabnahme etwas verringert. Sollten gesundheitliche Störungen irgendwelcher Art auftreten, ist selbstverständlich unverzüglich ein Arzt aufzusuchen. Erlaubt sind kalorien-/joulefreie Getränke, wie Mineralwasser, Tees, schwarzer Kaffee sowie jene im Speiseplan vorgeschlagenen Säfte. Mit Zucker gesüßte Fruchtsäfte, Limonaden und Alkoholika sind ausnahmslos verboten.

1. Tag (958 kcal/4010 kJ)
Morgens: 2 Scheiben Knäckebrot, 30 g Geflügelleberwurst, schwarzer Kaffee oder Tee
Vormittags: $^1/_8$ Liter Buttermilch
Mittags: 100 g Kasseler Rippchen, 2 süßsaure Gurken, 30 g Mischbrot
Nachmittags: schwarzer Kaffee oder Tee
Abends: gebratene Renke: 300 g Renke, $1^1/_2$ Eßlöffel Öl, 1 gestrichener Teelöffel Butter, Zitronensaft, Salz, 2 Eßlöffel

gehackte Petersilie. Beilage: Gemischter Salat, bestehend aus 150 g Salatgurke, 2 kleinen Tomaten, ein paar Salatblättern, 2 Eßlöffel Magerjoghurt, Senf, Salz und frischen Kräutern. Zubereitung: Bratfertige Renke mit Zitronensaft beträufeln, vorsichtig mit Salz einreiben und im heißen Öl auf beiden Seiten braten. Renke auf eine vorgewärmte Platte geben. Butter in gleicher Pfanne erhitzen und gehackte Petersilie darin andünsten und dann auf dem Fisch verteilen.

2. Tag (1015 kcal/4249 kJ)
Morgens: 30 g Vollkornbrot, 1 Scheibe Knäckebrot, 100 g Magerquark, schwarzer Kaffee oder Tee
Vormittags: 150 g Apfel
Mittags: 2 hartgekochte Eier, Beilage: Paprikasalat mit Hühnerfleisch, bestehend aus 1 großen, grünen, in Streifen geschnittenen Paprikaschote, 50 g gewürfeltem Hühnerfleisch, 3 g Öl, Essig, Salz und weißem Pfeffer.
Nachmittags: $^1/_8$ Liter Buttermilch
Abends: Gefüllte Paprikaschote: 1 Paprikaschote, 100 g Tatar, 1 kleine gehackte Zwiebel, 1 Eßlöffel gewiegte Petersilie, 1 Teelöffel Öl, $^1/_2$ Tasse entfettete Brühe, etwas Senf, Salz, Pfeffer. Beilagen: 60 g gekochter Reis oder 30 g Mischbrot. 100 g Kirschen.
Zubereitung: Paprikaschote entkernen und säubern. Fleischteig aus Tatar, Zwiebel, Petersilie, Senf, Salz und Pfeffer bereiten und in Schote einfüllen. Die Schote in Öl anbraten und mit Brühe angießen. Bei geschlossenem Deckel gar werden lassen.

3. Tag (958 kcal/4010 kJ)
Morgens: 30 g Vollkornbrot, 10 g Diätmargarine, 1 Scheiblette, schwarzer Kaffee oder Tee
Vormittags: 1 Magerjoghurt
Mittags: 250 g gegrilltes Hühnchen, Beilage: 200 g Gemüsesalat, bestehend aus rohem frischem Gemüse (Salatgurke,

Paprikaschoten, Kohlrabi, Kopfsalat, Blumenkohl usw.), gewürzt nach Geschmack mit Essig oder Zitronensaft, Pfeffer, Salz, Senf, Selleriesalz, Knoblauchpulver, Streuwürze, etwas Süßstoff und viel gehackten frischen Kräutern. Kein Öl verwenden! Als Alternative können auch Dosengemüse (grüne Bohnen, Möhren, Spargel, Schwarzwurzeln usw.) gewählt werden. Gewürze wieder nach Geschmack.
Nachmittags: schwarzer Kaffee oder Tee
Abends: 2 Rühreier oder pochierte Eier, Beilagen: Blattspinat, zubereitet in wenig kochendem Salzwasser. Mit Muskat und gekörnter Brühe abschmecken. Zum Schluß 5 g Butter daruntermischen. 150 g Apfel.

4. Tag (985 kcal/4123 kJ)
Morgens: 1 Ei, weichgekocht, 1 Knäckebrot, 10 g Butter, schwarzer Kaffee oder Tee
Vormittags: 250 g Grapefruit (1 Stück)
Mittags: 1 Becher Hüttenkäse, 250 g Salatgurke, 1 Knäckebrot
Nachmittags: 30 g Vollkornbrot, 30 g gekochter Schinken, schwarzer Kaffee oder Tee
Abends: Filetsteak: 100 g Rinderfilet, 2 g Öl, Beilage: Grilltomaten, 100 g Erdbeeren
Zubereitung: Filetsteak: Fleisch mit Öl einreiben und in einer beschichteten Pfanne auf beiden Seiten kurz anbraten. Grilltomaten: Tomaten kreuzweise einschneiden und mit grobem schwarzen Pfeffer und Salz bestreuen. In der Pfanne bei geschlossenen Deckel gar werden lassen oder kurz unter den Grill schieben.

5. Tag (990 kcal/4144 kJ)
Morgens: 30 g Mischbrot, 30 g Lachsschinken, schwarzer Kaffee oder Tee
Vormittags: 1 große Tomate
Mittags: 125 g Hering in Gelee, 20 g mageren Streichkäse, 30 g Mischbrot, $^1/_8$ Liter Tomatensaft

Nachmittags: schwarzer Kaffee oder Tee
Abends: Rindfleischtasche: 1 Scheibe Rindsrouladenfleisch, einige Lauchringe, Paprikastreifen und Champignonscheiben, 1 Teelöffel Öl, $^1/_2$ Tasse Würfelfleischbrühe, etwas Rotwein, 1 Teelöffel Sojasauce. Senf, Salz, Pfeffer, Knoblauchpulver, Thymian. Beilage: 100 g zubereitetes Kartoffelpüree (Fertigprodukt, nach Anweisung zubereiten). $^1/_2$ Kopfsalat, angerichtet mit 3 Eßlöffel Buttermilch, Salz, Pfeffer und viel frischen Kräutern.
Zubereitung: Rouladenfleisch dünn mit Senf bestreichen und mit Knoblauchpulver, Salz, Pfeffer und Thymian einreiben. Dann mit grünen Paprikastreifen, Lauchringen und Champignonscheiben belegen. Fleischscheibe zusammenklappen und an den Rändern mit Zahnstochern feststecken. Auf beiden Seiten in Öl anbraten und mit Würfelbrühe angießen. Bei geschlossenem Deckel schmoren lassen. Den entstandenen Saft mit Rotwein und Sojasauce abschmecken.

1. Wochenendtag (932 kcal/3901 kJ)
Morgens: 1 Brötchen, 15 g magere Fleischwurst, 15 g magerer Schnittkäse, schwarzer Kaffee oder Tee
Vormittags: 1 Glas Spinatsaft
Mittags: Geflügelrisotto: 100 g Geflügelbrust, 5 g Öl, 100 g Zwiebeln, 50 g Möhren, 100 g Schnittbohnen, 100 g Kohlrabi, 20 g Reis, etwas Tomatenmark, Salz, Pfeffer, Curry. Nachtisch: 100 g Blaubeeren, angerichtet mit 3 Eßlöffel Buttermilch und flüssigem Süßstoff.
Zubereitung: Geflügelfleisch in Streifchen, geputzte Möhre in Scheibchen und Schnittbohnen in Stücke schneiden, Zwiebel würfeln und Kohlrabi stifteln. Öl in Pfanne erhitzen, Gemüse und Fleisch darin andünsten und mit etwas Wasser aufgießen. Sobald es kocht, Reis einstreuen und bei geringer Hitze weiterdünsten, bis der Reis das Wasser aufgesaugt hat und das Gemüse weich ist. Mit Tomatenmark, Salz, Pfeffer und Curry abschmecken.

Nachmittags: schwarzer Kaffee oder Tee
Abends: Gefüllte Tomaten mit Quarkcreme: 200 g Tomaten, 100 g magerer Speisequark, 1 Teelöffel Schnittlauch, 1 kleine Zwiebel, 1 Teelöffel Kümmel, Salz, Pfeffer. Beilage: 1 Scheibe Vollkornbrot, 100 g Birne
Zubereitung: Tomaten aushöhlen und mit Salz und Pfeffer einreiben. Herausgelöstes Fruchtfleisch, Kümmel, Schnittlauch, Zwiebel, Salz und Pfeffer mit Quark vermischen. Diese Masse in Tomaten füllen, Deckel aufsetzen und auf Salatblättern anrichten.

2. Wochenendtag (992 kcal/4153 kJ)
Morgens: 10 cl Apfelsinensaft, 1 Ei, weichgekocht, 30 g Vollkornbrot, schwarzer Kaffee oder Tee
Vormittags: 100 g Apfel
Mittags: Forelle in Folie: 250 bis 300 g Forelle, 5 g Butter, 1 Teelöffel gehackte Petersilie, Zitronensaft, Salz. Beilage: 150 g Petersilienkartoffel. Nachtisch: Obstsalat, bestehend aus jeweils 50 g gewürfelter Birne, Apfelsine und gewürfeltem Apfel. Mit Zitronensaft und Süßstoff abgeschmeckt.
Zubereitung: Gesäuberte Forelle innen mit Salz, Zitronensaft und Petersilie ausreiben. Alufolie mit Butter bestreichen, Forelle darin einwickeln. Unterm Grill oder im Backrohr garen.
Nachmittags: 1 Löffelbiskuit, schwarzer Kaffee oder Tee.
Abends: Schinkenrollen mit Champignons und Kräutern: 60 g (2 Scheiben) magerer gekochter Schinken, 200 g gedünstete Champignons, $^1/_2$ hartgekochtes Ei, 1 Eßlöffel Schnittlauch, 1 Eßlöffel Quark, 1 Eßlöffel Joghurt, 1 Eßlöffel gemischte Kräuter, Salz. Beilage: 1 Knäckebrot, 1 Glas Tomatensaft.
Zubereitung: Quark mit Joghurt, zerdrücktem Ei, Salz, Pfeffer, Schnittlauch und Kräutern mischen. Diese Masse auf Schinkenscheiben streichen, mit Pilzköpfen belegen und aufrollen. Auf Salatblättern anrichten.

Sauerkraut-Kur

Diese Kur, die man am günstigsten auf ein langes Wochenende oder in den Urlaub verlegt, wird drei Tage hintereinander durchgeführt. Dabei ist ein Gewichtsverlust bis zu drei Kilogramm zu erreichen.
Sauerkraut ist ein probates Schlankheitsmittel, es enthält – abgetropft – nur 26 kcal/109 kJ pro 100 g, und es ist reich an Vitaminen und Milchsäure. Allerdings sollten sich nur jene an diese Diät heranwagen, die über einen gesunden Magen-Darm-Trakt verfügen, denn das Sauerkraut fegt den Verdauungsapparat durch wie ein Besen mit Drahtborsten. Die Sauerkrautkur kann alle vierzehn Tage bedenkenlos wiederholt werden.
Und so wird es gemacht:

1. Tag:
Um die Wirkung des Sauerkrautes voll entfalten zu lassen, sollte an diesem Tag ausschließlich nur davon gelebt werden. Am idealsten ist es, das Sauerkraut in rohem Zustand zu verzehren. Außerdem können noch schwarzer Kaffee oder Tee, sowie Kräutertees und Mineralwasser getrunken werden. Kaffee und Tee dürfen mit Süßstoff zubereitet werden. Auf jedes andere Nahrungsmittel ist nach Möglichkeit zu verzichten.

2. Tag:
Morgens: 1 Tasse rohes Sauerkraut, 1 Scheibe Vollkornbrot oder 2 Scheiben Knäckebrot, 1 wachsweiches Ei, schwarzer Kaffee oder Tee, eventuell mit Süßstoff.
Vormittags: Sauerkraut-Cocktail I: 1 Tasse Sauerkrautsaft mit dem Saft $^1/_2$ Zitrone mischen und obenauf mit einem Tupfer Schlagsahne verzieren.
Mittags: 1 Tasse klare Brühe, 1 Scheibe Knäckebrot mit 5 g Butter. Sauerkrautsalat: 380 g rohes Sauerkraut (man kann

auch ein kurz mit heißem Wasser überbrühtes Sauerkraut verwenden) mit 200 g kleingewürfelten Äpfeln, 2 gehackten Gürkchen, 1 geriebenen Zwiebel, 2 zerkleinerten Wacholderbeeren, etwas schwarzem Pfeffer und gemahlenem Kümmel vermischen. Eine Marinade aus Magerjoghurt, Zitronensaft, etwas Süßstoff, Streuwürze und 2 Eßlöffeln frischen Käutern zubereiten und über den Salat gießen.
Nachmittags: 1 Glas Sauerkraut-Cocktail II: $^1/_2$ Glas rohgepreßter Sauerkrautsaft wird mit der gleichen Menge Buttermilch verrührt. Den Rand des Trinkglases mit einer Tomatenscheibe verzieren.
Abends: überbackene Sauerkrautschüssel: 500 g Sauerkraut werden zusammen mit 1 geschälten, kleingewürfelten Apfel, einigen Wacholderbeeren und etwas Streuwürze in wenig Wasser gargedämpft. Dann eine große, in Ringe geschnittene Zwiebel mit 5 g Butter in einer beschichteten Pfanne anbräunen. Schließlich zwei heiße Pellkartoffeln mit etwas Milch und Salz zerdrücken und 1 rohes Ei darunterrühren. Nun wird zunächst das Sauerkraut, dann die Zwiebeln und zum Schluß die Karfoffelmasse in eine feuerfeste Form geschichtet und im Rohr ungefähr 30 Minuten überbacken.

3. Tag:
Dieser Tag wird genauso wie der zweite Tag durchgeführt. Wer will, kann die Mahlzeiten untereinander austauschen. Zu trinken gibt es außer jenen Getränken, die bereits auf dem Speiseplan stehen, nur noch Mineralwasser oder Kräutertees.

Bier-Diät (1000 kcal/4186 kJ)

Um ungefähr ein bis zwei Kilogramm – je nach Wasseransammlung im Körpergewebe – kann das Gewicht bei einer dreitägigen Bier-Kur reduziert werden. Helles Bier, das mit 470 kcal/1967 kJ pro Liter zu Buche schlägt, ist also auch ein

– für viele bestimmt recht willkommenes – Schlankheitsmittel.
Speziell Bierfreunde können sich also mit einer Bier-Diät ein fröhliches Wochenende bereiten. Allerdings nur an einem verlängerten Wochenende oder während eines Urlaubs ist diese vergnügliche Kur durchführbar. An diesen drei Tagen sollten alle Verpflichtungen, auch Besuche bei Freunden oder Verwandten, abgesagt und jegliche anstrengende Arbeit auf einen späteren Zeitpunkt verschoben werden.
Jeder Gesunde kann die Bier-Diät ausprobieren, sollte aber, sofern er Lust auf Wiederholung verspürt, dazwischen mindestens eine vierwöchige Pause einlegen.
Was ist nun während einer Bierkur alles zu beachten? Zunächst sei ausdrücklich betont: Drei Tage hintereinander darf nichts anderes als ausschließlich Bier getrunken werden. Eine einzige Ausnahme ist erlaubt: Zur besseren Sättigung darf in das erste Glas Bier, das auch etwas angewärmt werden kann, ein rohes Ei gequirlt werden. Als Tagesration stehen zwei Liter Bier zur Verfügung, die je nach Belieben über den Tag verteilt getrunken werden können. Dabei spielt es keine Rolle, ob man sich nun für helles oder dunkles Vollbier oder auch für Weißbier entscheidet. Nähr- und Malzbier sind wegen ihres höheren Kalorien-/Joulewertes nicht so gut geeignet. Der Diätplan sollte die tägliche 1000 kcal-/4186 kJ-Grenze nicht wesentlich überschreiten.

Spezialdiäten

Das nun folgende Kapitel enthält Diäten, die über längere Zeiträume oder unter ärztlicher Aufsicht durchgeführt werden. Ein genauer Hinweis ist in jeder Diät einzeln angeführt.

Mayo-Diät (1500 kcal/6279 kJ)

Wohl eine der ältesten, wissenschaftlich erarbeiteten Schlankheitskuren ist die Mayo-Diät. Sie wurde in der Mayo-Klinik (Rochester/Minnesota, USA) entwickelt und sehr erfolgreich an übergewichtigen Personen getestet. Die Kur soll vierzehn Tage hintereinander streng eingehalten werden. Damit ist eine Gewichtsabnahme von sieben bis zehn Kilogramm garantiert. In Zeitabständen von jeweils sechs Wochen kann man ohne Bedenken diese Diät so lange wiederholen, bis das Idealgewicht erreicht ist. Selbstverständlich muß auch während der Pausen die Kalorien-/Joulezufuhr drastisch eingeschränkt werden. Der Speiseplan sollte auf keinen Fall mehr als 1500 kcal/6279 kJ pro Tag enthalten.
Der Hauptbestandteil der Nahrungsmittel besteht aus tierischem Eiweiß. Auf Fett wird nahezu völlig verzichtet, und Kohlenhydrate werden nur in Form von Gemüsen und, in sehr geringem Maße, Früchten dem Körper zugeführt. Selbstredend sind nur kalorien-/joulefreie Getränke erlaubt: Mineralwasser, schwarzer Kaffee oder Tee. Alle anderen Flüssigkeiten, einschließlich Alkoholika, sind vom Speiseplan gestrichen. Bei der Zubereitung der Speisen muß darauf geachtet werden, daß Fruchtsalate ohne Zucker (nur mit Süßstoff), Salate ohne Öl und Gemüse ohne Butter oder sonstige Fette anzurichten sind. Fleisch- und Fischgerichte sollten in einer beschichteten Pfanne mit etwas Wasser kurz angebraten wer-

den. Auch Bratbeutel und Alufolie sind empfehlenswert. Auf Gewürze braucht nicht verzichtet zu werden, doch ist es ratsam, mit Salz sparsam umzugehen. Diese Kur belastet einigermaßen das Portemonnaie, da reichlich mageres, teures Fleisch verwendet werden muß. Speziell während der Winterzeit kann auch das frische Gemüse das Budget merklich belasten.
Abschließend sei noch darauf hingewiesen, daß die außerordentlich hohe Cholesterinzufuhr in Form des täglichen Eierverzehrs nur eine Durchführung der Diät von Personen mit gutem gesundheitlichen Allgemeinzustand und tadellos funktionierendem Stoffwechsel zuläßt. Alle anderen sollten eine andere Kur wählen.

1. Tag
Morgens: 3 hartgekochte Eier, $^1/_2$ Grapefruit, schwarzer Kaffee oder Tee.
Mittags: 3 hartgekochte Eier, Tomaten, schwarzer Kaffee oder Tee.
Abends: 3 hartgekochte Eier, grüner Salat, 1 Scheibe Toast oder Knäckebrot.

2. Tag
Morgens: 1 bis 2 weichgekochte Eier, $^1/_2$ Grapefruit, schwarzer Kaffee oder Tee.
Mittags: 2 bis 3 pochierte Eier, Spinat, $^1/_2$ Grapefruit, schwarzer Kaffee oder Tee.
Abends: 1 großes Rinderfiletsteak, grüner Salat.

3.Tag
Morgens: 1 bis 2 Eier im Glas, $^1/_2$ Grapefruit, schwarzer Kaffee oder Tee.
Mittags: 2 bis 3 Rühreier (ohne Fett zubereitet!), Spinat, Tomaten, schwarzer Kaffee oder Tee.
Abends: 2 magere Kalbskoteletts, Salatgurke, Tomaten.

4. Tag
Morgens: 1 bis 2 weichgekochte Eier, 1/2 Grapefruit, schwarzer Kaffee oder Tee.
Mittags: 2 bis 3 hartgekochte Eier, grüner Salat, 1/2 Grapefruit, schwarzer Kaffee oder Tee.
Abends: gebratener Kabeljau, 1 bis 2 hartgekochte Eier, Quark, Salatgurke.

5. Tag
Morgens: 1 bis 2 Eier im Glas, 1/2 Grapefruit, schwarzer Kaffee oder Tee.
Mittags: 1 bis 2 hartgekochte Eier, schwarzer Kaffee oder Tee.
Abends: gebratener Seelachs, grüner Salat (Kopf-, Endiviensalat oder Chinakohl).

6. Tag
Morgens: 1 bis 2 weichgekochte Eier, 1/2 Grapefruit, schwarzer Kaffee oder Tee.
Mittags: 1 große Portion Fruchtsalat, zum Beispiel aus Apfelsinen, Äpfeln, Bananen, frischen Ananas, Birnen usw. (nur mit Süßstoff!).
Abends: 1 großes Schweinefiletsteak, Tomaten, Salatgurke, schwarzer Kaffee oder Tee.

7. Tag
Morgens: 1 bis 2 hartgekochte Eier, 1/2 Grapefruit, schwarzer Kaffee oder Tee.
Mittags: gegrilltes kaltes Huhn, Tomaten, Salatgurke.
Abends: klare Gemüsesuppe (aus Würfeln oder gekörnter Brühe) mit verschiedenen Gemüsen, wie zum Beispiel Möhren, grünen Bohnen, Schwarzwurzeln, Spargel, Blumenkohl, grünen Erbsen, Zucchini, Champignons usw. 1/2 Grapefruit, schwarzer Kaffee oder Tee.

In der zweiten Woche wird dieser Speiseplan wiederholt.

Hollywood-Kur (600 kcal/2512 kJ)

Noch spartanischer als die Mayo-Diät ist die Hollywood-Kur. Sie wurde von Ärzten zusammengestellt, die zahlreiche Hollywoodstars gesundheitlich betreuten und für deren gutes Aussehen und Wohlbefinden verantwortlich waren. Die Diät kann bis zu achtzehn Tagen hintereinander durchgeführt und nach sechs- bis achtwöchigen Pausen wiederholt werden. Für Berufstätige ist die Kur zu anstrengend und könnte daher nur während eines Urlaubs durchgeführt werden. Da jedoch speziell diese Zeit der Entspannung und Erholung dienen soll, wäre ein solcher Schritt gründlich zu überlegen. Der durchschlagende Erfolg lohnt allerdings den hohen Einsatz: Es wird dabei, je nach Dauer, eine Gewichtsreduktion von sieben bis zehn Kilogramm erzielt!
Der Speiseplan ist nicht sehr abwechslungsreich und besteht zum Großteil aus hartgekochten Eiern, rohem Gemüse, Obst, relativ wenig Fleisch und übersteigt nie den täglichen Gehalt vo 600 kcal/2512 kJ.
Sollen störende, der Schönheit abträgliche Fettpolster um Hüften, Bauch und Oberschenkel abgebaut werden, ist diese Kur ohne weiteres zu empfehlen. Haben sich allerdings schon durch Übergewicht bedingte gesundheitliche Beschwerden wie Bluthochdruck oder überhöhte Cholesterinwerte bemerkbar gemacht, dann ist auf eine andere Diät auszuweichen. Denn gerade bei der Hollywood-Kur ist die Cholesterinzufuhr extrem hoch, die aber bei gesunden Personen mit einem gut funktionierenden Stoffwechsel keine nachteiligen Nebenwirkungen hinterläßt. Voraussetzung ist natürlich, daß nicht über einen zu langen Zeitraum Diät gehalten wird.
Es dürfen nur Mineralwasser sowie mit Süßstoff angereicherte Kräutertees, schwarzer Kaffee und Tee getrunken werden. Mit Zucker gesüßte Limonaden und Fruchtsäfte sowie Cola-Getränke und Alkoholika sind nicht erlaubt. Die Fleisch-

und Fischgerichte werden in einer beschichteten Pfanne, in Alufolie oder im Bratbeutel ohne Fett zubereitet. Bei Salaten ist prinzipiell kein Öl zu verwenden, und sie sollten mit Zitronensaft oder Apfelessig, reichlich frischen Kräutern und sehr wenig Salz abgeschmeckt werden.

1. Tag (650 kcal/2721 kJ)
Morgens: 1 Apfelsine, schwarzer Kaffee oder Tee
Mittags: 2 hartgekochte Eier, $^1/_2$ Salatgurke, 2 Scheiben Knäkkebrot, 1 Apfel, schwarzer Kaffee oder Tee
Abends: 2 hartgekochte Eier, 6 Radieschen, $^1/_2$ Salatgurke, 2 Mandarinen, schwarzer Kaffee oder Tee

2. Tag (550 kcal/2302 kJ)
Morgens: $^1/_2$ Grapefruit, schwarzer Kaffee oder Tee
Mittags: 2 hartgekochte Eier, 2 größere Tomaten, 1 Scheibe Knäckebrot, 1 Apfel
Abends: 100 g Kalbsfilet, $^1/_2$ Salatgurke, $^1/_2$ Grapefruit, schwarzer Kaffee oder Tee

3. Tag (490 kcal/2051 kJ)
Morgens: 1 Apfelsine, schwarzer Kaffee oder Tee
Mittags: 2 hartgekochte Eier, 1 Tomate, 1 Scheibe Knäckebrot, 1 Apfel
Abends: 1 hartgekochtes Ei, $^1/_2$ Salatgurke, 1 Scheibe Knäckebrot, 2 Mandarinen, schwarzer Kaffee oder Tee

4. Tag (630 kcal/2637 kJ)
Morgens: $^1/_2$ Grapefruit, schwarzer Kaffee oder Tee
Mittags: 2 hartgekochte Eier, $^1/_2$ Salatgurke, 2 Scheiben Knäkkebrot, 1 Apfel, schwarzer Kaffee oder Tee
Abends: 150 g Rinderfiletsteak, 1 kleiner Kopfsalat, 5 Radieschen, $^1/_2$ Grapefruit, schwarzer Kaffee oder Tee

5. Tag (570 kcal/2386 kJ)
Morgens: 2 Mandarinen, schwarzer Kaffee oder Tee
Mittags: 3 hartgekochte Eier, 1 Kopfsalat, 1 Scheibe Knäckebrot, 1 gestrichener Teelöffel Diät-Margarine, schwarzer Kaffee oder Tee
Abends: 2 hartgekochte Eier, 2 Tomaten, 1 Apfel, 1 Scheibe Knäckebrot, schwarzer Kaffee oder Tee

6. Tag (580 kcal/2428 kJ)
Morgens: $^1/_2$ Grapefruit, schwarzer Kaffee oder Tee
Mittags: 2 hartgekochte Eier, $^1/_2$ Salatgurke, 1 kleine Tomate, 1 Scheibe Knäckebrot, 1 Apfel, schwarzer Kaffee oder Tee
Abends: 150 g Lammkotelett, 1 Kopfsalat, $^1/_2$ Grapefruit

7. Tag (595 kcal/2491 kJ)
Morgens: 1 Apfelsine, schwarzer Kaffee oder Tee
Mittags: 3 hartgekochte Eier, 2 Scheiben Knäckebrot, 1 Apfel, 2 Mandarinen
Abends: 200 g Magerquark, 1 Tomate, $^1/_4$ Salatgurke, 3 Radieschen, 1 kleiner Chicorée, 4 Kräcker, schwarzer Kaffee oder Tee

An den folgenden Tagen wird dieser Speiseplan wiederholt.

Trauben-Kur

Um insbesondere schnell angegessene »Urlaubspfunde« auch schnell wieder loszuwerden, ist die in den Herbst fallende Traubenkur zu empfehlen. Diese Kur hilft nicht nur bei der Gewichtsreduktion, sie entwässert und entschlackt den Organismus auch hervorragend durch den großen Anteil an Traubenzucker, der dem Körper während dieser Zeit mittels der Weintrauben geliefert wird. Traubenzucker wirkt auf den Darm mild abführend und dadurch blutreinigend. Durch

seine gefäßerweiternde Eigenschaft sorgt er auch für eine bessere Durchblutung des Körpers. Außerdem regt er die Nierentätigkeit an und entwässert auf diese Weise. Schließlich kommt er auch der Leber zugute und löst damit ein allgemeines Wohlbefinden aus. Alle diese wunderbaren Eigenschaften des Traubenzuckers werden noch unterstützt und erhöht durch die sich ebenfalls in der Weintraube befindlichen Stoffe wie Fruchtsäuren und einen enormen Gehalt an Mineralstoffen. Damit wird diese Schlankheitskur auch gleichzeitig zu einem Gesund- und Jungbrunnen.
Zunächst die intensivste Art der Durchführung: Täglich $1^1/_2$ Liter frischgepreßter Traubensaft, vorzugsweise aus Meraner Kurtrauben. Selbstverständlich können auch andere im Handel erhältliche Sorten verwendet werden, die noch den Vorteil haben, weitaus billiger zu sein. Andere Getränke und Nahrungsmittel, ausgenommen vielleicht Mineralwasser, sind nicht erlaubt. Diese Kur kann drei bis fünf Tage hintereinander eingehalten und dabei eine Gewichtsabnahme bis zu drei Kilogramm erreicht werden. Gesunde und jüngere Personen können diese Kur ohneweiters zu Hause durchführen. Allen anderen wäre zu einem Aufenthalt in einem Sanatorium anzuraten. Hier wird die Angelegenheit allerdings in finanzieller Hinsicht um etliches kostspieliger.
Nun noch eine andere Variante der Trauben-Kur, die sich über vier Wochen erstreckt: In der ersten Woche gibt es Normalkost, die jedoch nicht zu reich bemessen sein sollte, und zusätzlich noch ungefähr 1000 g Trauben. Dabei wird der Durst gelöscht und der Hunger auf kompakte Mahlzeiten sehr verringert. Dann werden zwei Diätwochen mit äußerst karg bemessenen Mahlzeiten eingeschoben. Dazu gibt es täglich bis zu 3000 g Weintrauben. In der vierten Woche kommt wieder Normalkost auf den Tisch und zusätzlich noch 1000 g Trauben pro Tag. Der Gewichtsverlust bewegt sich bei etwa 2,5 Kilogramm.

Weizen-Diät (1800 kcal/7535 kJ)

Im Folgenden werden einige Arten von Reduktionsdiäten vorgestellt, die – bereits fertig zusammengestellt – in Apotheken oder Reformhäusern erhältlich sind. Hier wird besonders empfohlen, pro Tag jeweils eine Hauptmahlzeit durch eines dieser Fertigprodukte zu ersetzen.
Bei der Weizen-Diät wird speziell ihre entschlackende und entwässernde Wirkungsweise hervorgehoben. Gleichzeitig erfolgt dabei auch eine Herz- und Kreislaufentlastung. Zu Beginn der Diät werden Nahrungsstoffe aufgelöst, die noch unverdaut an den Wänden des Magen-Darm-Traktes abgelagert sind. Auf diese Weise erfolgt im Laufe der Zeit eine andauernde Selbstreinigung. Außerdem sorgt reichliche Urinabsonderung dafür, daß der Organismus von den abgesetzten Salzen insgesamt entgiftet wird. Der Körper fängt an, von seiner eigenen Substanz zu leben und zunächst überflüssige Stoffe abzubauen.
Die Weizen-Diät wird nur aus erstklassigem Weizenkorn, das heißt aus einem Erntegut hergestellt, das weder chemisch behandelt noch künstlich gedüngt wurde. Durch ein Spezialverfahren wird das Weizenkorn derart aufgeschlossen, daß die Feinschichtflocken, die dabei gewonnen werden, bereits ohne weiteres Zubereiten wie Kochen für den menschlichen Organismus verwertbar sind. Auf diese Art wird dem Körper ein Nahrungsmittel zugeführt, das in wunderbarer Ausgewogenheit Kohlenhydrate, Eiweiß, Vitamine und Mineralstoffe enthält.
Eine solche Mahlzeit kann schnell und mühelos zubereitet werden: Man vermengt 2 gehäufte Kaffeelöffel Weizenkeime mit geriebener Gemüse- oder Obstrohkost, mit Frucht- oder Gemüsesäften sowie mit Joghurt oder gekörnter Brühe. Dabei kann mit reichlich frischen Kräutern, Zwiebeln und den verschiedensten Gewürzen oder – bei süßen Gerichten –

mit Honig und Traubenzucker abgeschmeckt werden. Nur mit Salz sollte man sparsam wirtschaften. Sonst aber sind der Fantasie eines jeden einzelnen keine Grenzen gesetzt. Dazu trinkt man am besten Kräutertees. Enthält eine solche Portion nicht mehr als 200 kcal/837 kJ, und ernährt man sich auch während der übrigen Mahlzeiten schlankheitsbewußt, das heißt, das Limit von insgesamt zirka 1800 kcal/ 7535 kJ pro Tag wird nicht überschritten, so kann man mit einem wöchentlichen Gewichtsverlust von ungefähr einem halben Kiloramm rechnen. Manchmal liegt die Abnahme auch darüber.

Diese gewichtsreduzierende und gleichzeitig auch gesundheitsfördernde Diät kann von jedem Schlankheitswilligen über einen beliebigen Zeitraum ohne Bedenken eingehalten werden.

Abschließend sei noch darauf hingewiesen, daß diese Diät durchaus sättigend und in finanzieller Hinsicht günstig ist.

Diät mit Eiweißkonzentrat (zirka 1200 kcal/5040 kJ)

Diese Diät bezieht unter anderem ein Fertigprodukt mit ein, das nur in Apotheken erhältlich ist und einige herkömmlich zubereitete Mahlzeiten ersetzt. Es handelt sich dabei um ein Eiweißkonzentrat, dessen besonderer Vorzug auf seiner ausgewogenen Zusammensetzung von biologisch hochwertigem Eiweiß mit Fett- und Kohlenhydratstoffen sowie Vitaminen und Mineralien beruht. Diese Kombination gewährleistet, daß dabei ein lang anhaltendes Sättigungsgefühl erreicht wird und die geistige und körperliche Leistungsfähigkeit erhalten bleibt: also eine ideale Diät für Berufstätige.

Soll sich die Kur über einen längeren Zeitraum erstrecken, wird angeraten, täglich entweder das Mittag- oder Abendessen durch eine Eiweißkonzentrat-Mahlzeit zu ersetzen. Auf

diese Weise wird eine allmähliche Gewichtsabnahme erzielt. Selbstverständlich soll auch bei den übrigen Mahlzeiten auf eiweißreiche, aber fett- und kohlenhydratarme Gerichte gesteigerter Wert gelegt werden. Es wird empfohlen, bei einer über Wochen dauernden Diät vorher unbedingt den Arzt zu konsultieren.
Von einer Herstellerfirma wurde für den Speiseplan ein Drei-Tage-Schema ausgearbeitet, das beliebig lange wiederholt werden kann. Zu berücksichtigen ist, daß dem Körper während der Kur täglich eine Mindestmenge von zwei Litern Flüssigkeit, und zwar ausschließlich aus kalorien-/joulefreien Getränken, zugeführt werden muß. Auf Alkohol ist selbstverständlich zu verzichten. Auch Süßigkeiten und Knabbereien sind während dieser Zeit nicht erlaubt. Es darf keinesfalls die 1200 kcal-/5040 kJ-Grenze überschritten werden:

1. Tag (zirka 1200 kcal/5040 kJ)
Morgens: 1 Scheibe Mischbrot, 1 Scheibe Knäckebrot, 15 g Butter, 30 g fettarmer Käse, schwarzer Tee oder Kaffe ohne Milch und Zucker.
Vormittags: 1 Portion Eiweißkonzentrat und 1 Glas Mineralwasser.
Mittags: 1 Portion Eiweißkonzentrat und 1 Glas Mineralwasser.
Nachmittags: 20 cl Fruchtsaft (Apfel- oder Apfelsinensaft).
Abends:
1. Vorschlag: Steak mit gegrillten Tomaten, Spargel und Salzkartoffeln. Zutaten: 150 g Rinderfilet, 200 g Tomaten, 100 g Salzkartoffeln, 200 g Spargel aus der Dose, Kräuter und Gewürze nach Belieben. Mineralwasser.
2. Vorschlag: 1 Scheibe Brot mit Tatar und 1 Tomate. Zutaten: 100 g Tatar, 1 Ei, 1 große Tomate (100 g), 1 Scheibe Vollkornbrot (50 g). Kräuter und Gewürze nach Belieben. Kalorien-/joulefreies Getränk.
Spätabends: 15 cl Kakaogetränk.

2. Tag (zirka 1200 kcal/5040 kJ)
Morgens: 3 Scheiben Knäckebrot, 15 g Butter, 75 g Magerquark, 30 g Marmelade, schwarzer Tee oder Kaffee ohne Milch und Zucker.
Vormittags: 175 g Magermilchjoghurt mit Früchten.
Mittags:
1. Vorschlag: Schweinsschnitzel mit Champignons und Rahmspinat, eine kleine Kartoffel. Zutaten: 100 g Schweinsschnitzel mager, 200 g Champignons, 75 g Rahmspinat, 100 g Kartoffeln. Apfelsaftgetränk aus 10 cl Apfelsaft mit Mineralwasser nach Belieben.
2. Vorschlag: Gegrilltes Huhn, Kartoffel- und Gurkensalat. Zutaten: 200 g Hühnerbrust, 100 g gekochte Kartoffeln, 200 g Salatgurke, 10 g Speiseöl, Kräuter und Gewürze nach Belieben. Kalorien-/joulefreies Getränk.
Nachmittags: 1 Portion Eiweißkonzentrat und 1 Glas Mineralwasser.
Abends: 1 Portion Eiweißkonzentrat und 1 Glas Mineralwasser.
Spätabends: 10 cl Tomatensaft.

3. Tag (zirka 1200 kcal/5040 kJ)
Morgens: 1 Scheibe Vollkornbrot, 15 g Butter, 1 gekochtes Ei, schwarzer Tee oder Kaffee mit 10 cl Magermilch, bei Bedarf auch mit Süßstoff.
Vormittags: 1 Portion Eiweißkonzentrat und 1 Glas Mineralwasser.
Mittags: 1 Portion Eiweißkonzentrat und 1 Glas Mineralwasser.
Nachmittags: 200 g Obst je nach Jahreszeit und Belieben (zum Beispiel Erdbeeren, Äpfel, Birnen, Aprikosen, Beeren usw.).
Abends:
1. Vorschlag: Große Salatplatte. Zutaten: Je 100 g Kopfsalat, Möhren, Salatgurken und Tomaten; dazu eine Salatsoße aus

10 g Sonnenblumenöl, Essig, Kräutern und Gewürzen nach Belieben. 1 Scheibe Knäckebrot und 50 g Magerkäse (20% Fett i. Tr.). 20 cl kalorien-/joulearmes, alkoholfreies Bier.
2. Vorschlag: Gefüllte Tomaten mit Hackfleisch, grüner Salat. Zutaten: 200 g Tomaten, 75 g Hackfleisch, 200 g Kopfsalat, 5 g Speiseöl, Essig, Kräuter und Gewürze nach Belieben. Kalorien-/joulefreies Getränk.
Spätabends: 20 cl Apfelsinensaft.

Falls keine gesundheitlichen Komplikationen irgendwelcher Art auftreten, kann diese Kur so lange durchgeführt werden, bis das gewünschte Gewicht erreicht ist.

Vollwert-Diät (zirka 930 kcal/3900 kJ)

Diese Diät ist all jenen zu empfehlen, die – möglichst unbelastet von aufwendigen Kalorien-/Jouleberechnungen – auf schnellste Weise ihr Gewicht reduzieren wollen. Dabei stehen fertig zusammengestellte und portionierte Müsli- und Kornflocken-Mahlzeiten zur Verfügung, die – je nach Geschmack – nur noch mit Wasser, Magermilch oder Diät-Fruchtsaft angerührt zu werden brauchen oder auch pur verzehrt werden können. Man erhält diese Vollwert-Mahlzeiten in Apotheken. Da sie alle erforderlichen Nähr- und Wirkstoffe enthalten, bekommt der Organismus alles, was er braucht. Es muß aber unter allen Umständen darauf geachtet werden, daß der Körper während der Kur genügend Flüssigkeit – und zwar mindestens zwei Liter pro Tag! – erhält. Dabei sind nur kalorien-/joulefreie Limonaden, Kräutertees, schwarzer Tee und Kaffee sowie Mineralwasser zu trinken. Länger als fünf Tage sollte die Kur nicht dauern. Falls das gewünschte Gewicht bei Beendigung nicht erreicht wurde, steht es jedem Gesunden frei, einige Zeit später wieder ein

paar Vollwert-Diättage einzuschalten. Vor Beginn der Kur ist auf jeden Fall ein Arzt zu konsultieren.
Wird das tägliche 930 kcal-/3900 kJ-Limit während der Diättage nicht wesentlich überschritten, kann innerhalb kürzester Zeit das Körpergewicht um zwei bis drei Kilogramm gesenkt werden.
Und nun noch einige Vorschläge für Gerichte, die jeweils gegen eine Vollwert-Mahlzeit ausgetauscht werden können, falls die ausschließliche Müsli-Kornflocken-Kost zu langweilig wird:

1. Vorschlag:
Salatteller: 200 g Gurkenwürfel, 200 g Tomatenscheiben, 200 g Paprikaschotenstreifen und 50 g Zwiebelringe mit Essig, Kräutern und Gewürzen abschmecken. Dazu eine Scheibe Knäckebrot.

2. Vorschlag:
Rohkostteller: 100 g geraffelte Sellerieknolle, 100 g geraffelte Möhre, 100 g geraffelter Kohlrabi und 100 g feingeschnittener Fenchel mit einer Soße aus Essig, Kräutern und Gewürzen übergießen, kurz ziehen lassen. Dazu eine Scheibe Knäckebrot.

3. Vorschlag:
Obstsalat: 150 g halbierte Erdbeeren, 50 g Bananenscheiben und 100 g Mandarinenstückchen mit etwas Zitronensaft, Zimt, gemahlenem Anis und flüssigem Süßstoff abschmecken. Dazu ein Stück Zwieback.

4. Vorschlag:
Käseteller: 50 g Hüttenkäse, 30 g Blauschimmelkäse (26% Fett i. Tr.) und 30 g hauchdünn geschnittenen Gouda (20% Fett i. Tr.) auf einem Teller anrichten. Dazu eine Scheibe Knäckebrot.

5. Vorschlag:
Überbackene Zucchini: 200 g Zucchinischeiben mit 50 g deutschem Corned beef belegen, mit etwas Knoblauchpulver und Pfeffer würzen, kurz überbacken lassen. Dazu eine Scheibe Knäckebrot.

Zitronensaft-Kur mit Baumsirup (Ahornsirup)

Die Zitronensaft-Kur, von Stanley Burroughs auf Hawaii erarbeitet, wurde bisher mit reinem, kanadischen Ahornsirup beziehungsweise mit einem sehr hochwertigen, aus der letzten Zapfungsperiode stammenden Ahornsiurp, der sich durch besonders hohen Mineraliengehalt und eine spezielle Zuckerzusammensetzung auszeichnet, durchgeführt. Nun kommt noch eine neue Sirupvariante hinzu: Denn jahrelange Analysen haben gezeigt, daß der Mineralstoffgehalt des reinen Ahornsirups aus verschiedenen Ländern – vermutlich aufgrund verschiedenartiger Bodenbeschaffenheit und unterschiedlicher klimatischer Einwirkungen – Schwankungen unterlegen ist. Daher wurde der Baumsirup entwickelt, eine sorgfältig ausgewogene Mischung aus ebenfalls Ahornsirup und zusätzlich noch anderen, zum Teil seltenen Palmsirupparten. Er gewährleistet einen stabilen Mineralstoffgehalt, der bei dieser Kur eine wesentliche Rolle spielt.
Die Zitronensaft-Kur ersetzt zwar keineswegs eine ärztliche Behandlung, doch haben Untersuchungen ergeben, daß die verschiedenen Laborwerte des Bluts nach einer zehntägigen Kur durchwegs positiver ausfielen und beispielsweise der Cholesterinspiegel des Bluts beachtlich gesunken ist. Außerdem sorgt diese Diät für eine gründliche Entschlackung des Körpers, die eine reinere Haut, eine gesündere Verdauung und ganz allgemein ein gesteigertes Wohlbefinden zur Folge hat. Man kann die Kur ohne Bedenken zweimal jährlich über einen Zeitraum von zehn Tagen durchführen und dabei

jeweils, je nachdem, wie nahe man seinem Idealgewicht ist, fünf bis acht Kilogramm abnehmen. Besonders Übergewichtige verlieren ihre Pfunde schneller.
Ein Gesunder kann diese Diät auch während seiner beruflichen Tätigkeit ansetzen, doch sollte auf jeden Fall vor Antritt der Kur der Hausarzt befragt werden. Damit während der Diät – etwa zwischen dem dritten und fünften Tag – keine Unpäßlichkeiten auftreten können, die sich durch ein leichtes Schwäche- und Schwindelgefühl oder auch Kopfschmerzen bemerkbar machen, ist es ratsam, dem Körper täglich mindestens zwei bis drei Liter Flüssigkeit zuzuführen. Damit ist gesichert, daß der Darmtrakt gut durchspült wird und die Schlackstoffe, die sich allmählich angesammelt haben, möglichst rasch ausgeschieden werden. Außer den nachstehend angeführten Getränken darf man nichts anderes zu sich nehmen. Alkohol oder zuckerhaltige Linomaden sind strikt zu streichen, auch schwarzer Tee und Kaffee sind zu vermeiden – und natürlich jede Art von fester Nahrung. Auch vom Rauchen sollte Abstand genommen werden, um den Kreislauf nicht zusätzlich zu belasten.

Für eine Zehn-Tage-Kur wird benötigt:

- zirka zwei Liter Baumsirup
- zirka fünf Kilogramm frische Zitronen
- Cayennepfeffer
- Meer- oder Stoffwechselsalz
- Abführtee, nur aus rein pflanzlichen Substanzen zusammengestellt

Bereits am Abend vor Kurbeginn ist eine Tasse Abführtee zu trinken. Am nächsten Morgen – und auch an jedem weiteren Morgen eines Kurtags – nimmt man zu allererst ein großes Glas Wasser, dem ein Teelöffel Meer- oder Stoffwechselsalz beigefügt wurde, zu sich. Anschließend wird noch mit einem Glas klaren Wasser nachgespült. Anstatt des Salzwassers kann auch Abführtee genommen werden.

Dann wird das Kurgetränk nach folgendem Rezept zubereitet:

- $^1/_2$ frischgepreßte Zitrone
- 2 Eßlöffel Baumsirup
- eine kleine Prise Cayennepfeffer
- zirka 25 cl Wasser

Alle Zutaten werden zusammengeschüttet, gründlich verrührt und in eine Flasche gefüllt. Dieser Flascheninhalt ist die erforderliche Tagesration und wird, über den Tag verteilt, in sechs bis zwölf Portionen zu sich genommen. Zwischendurch soll reichlich getrunken werden: empfehlenswert sind Wasser, Pfefferminztee und andere Kräuterteesorten. Vor dem Schlafengehen ist unbedingt noch eine Tasse Abführtee zu sich zu nehmen, und zwar täglich, so lange die Kur dauert.
Am Ende der Diät angelangt, ist es wichtig, diese nicht abrupt, sondern allmächlich zu beenden. Dazu sind zwei Aufbautage notwendig, die den Organismus wieder langsam an feste Nahrung gewöhnen sollen.
Am ersten Aufbautag wird mit mehreren Gläsern frischgepreßten Apfelsinensafts begonnen. Am frühen Abend ist dann eine leichte Gemüsesuppe empfehlenswert. Zwischendurch werden weiterhin Kräutertee (Pfefferminztee), ausreichend Wasser und – nach Belieben – noch etwas Kurgetränk zu sich genommen.
Auch der zweite Aufbautag wird mit frischgepreßtem Apfelsinensaft gestartet. Über die Mittagszeit und während der Nachmittagsstunden werden einige Früchte – je nach Appetit und Jahreszeit – verzehrt, und am Abend gibt es wieder eine leichte Mahlzeit, wie gegrilltes Hühnerfleisch (ohne Haut) oder eine Portion fettarmer Käse oder gegrillten/gekochten Fisch mit etwas grünem Salat.
Auf jeden Fall sollte der Versuchung, sofort zu viel und zu üppig zubereitete Speisen zu essen, widerstanden werden. Am besten ist es, den Körper langsam und schonend wieder an feste Nahrung zu gewöhnen.

Humplik-Diät

Diese Diät, die von dem Wiener Arzt Dr. Heinz Humplik entwickelt und nach jahrzehntelanger Erfahrung vielfach erfolgreich erprobt wurde, sprengt alle Normen, die bisher für Schlankheitskuren galten und stellt eine umwälzende Behandlungsmethode bei Übergewicht dar: Hier wird nämlich nicht schlank gefastet, sondern schlank geschlemmt – mit einer täglichen Nahrungszufuhr von ungefähr 6000 kcal/25116 kJ. Dabei kann bei einer einmonatigen Kur ein Gewichtsverlust von fünfzehn Kilogramm erreicht werden. Dr. Humplik stellte diese These von der »unrationellen Ernährung« auf. Näher erläutert, kann man es auch so ausdrücken: Nur durch Nahrung wird dem Organismus jene Energie zugeführt, die er benötigt, um seine täglichen, vielfältigen Funktionen zu erfüllen; alle diese Stoffe sind in der Humplik-Diät enthalten, und zwar Eiweiß-, Kohlenhydrat- und Fettstoffe sowie Vitamine und Mineralsalze – nach Dr. Humpliks Erkenntnissen gibt es nun aber auch solche Nahrungsmittel, für deren Verdauungsarbeit der Körper wesentlich mehr Kraft aufwenden muß, als ihm durch sie zugeführt werden. Diese zusätzliche Energie holt der Organismus aus seinen Fettdepots. Die Folge davon ist eine Gewichtsabnahme, die um so schneller vorangetrieben wird, je mehr man sich von diesen Nahrungsmitteln einverleibt. Deshalb also ein Beispiel für solch ein »unrationelles« Nahrungsmittel, bei dem auch sehr gut ersichtlich ist, daß es – laut Dr. Humplik – in erster Linie auf die Zubereitungsart ankommt, in welcher die Nahrung dem Körper verabreicht wird, damit sie auch wirklich gewichtsreduzierend wirkt: Ein Hühnerei schlägt mit ungefähr 80 kcal/335 kJ zu Buche. In weichgekochtem oder pochiertem Zustand genossen, ist für seine Verdauung relativ wenig Kraft notwendig – der Nährwert ist jedoch verhältnismäßig groß, und die überschüssige Energiezufuhr wird in den Fettdepots gespeichert. Ißt man dieses Ei

hingegen hartgekocht, so braucht der Körper ungleich mehr Kraftaufwand für dessen Verarbeitung und muß auf seine Reserven in den Fettzellen zurückgreifen.
Wer sich nun so glücklich schätzen kann, einen gut funktionierenden Verdauungsapparat zu besitzen, und wer bei anderen Schlankheitskuren, durch peinigende Hungergefühle geplagt, niemals einen durchschlagenden und anhaltenden Gewichtsverlust und somit den angestrebten Erfolg erlangen konnte, sollte es einmal mit dieser Diät versuchen.
Unbedingt unter ärztlicher Aufsicht müssen Übergewichtige mit Gallenleiden oder Darmerkrankungen sowie Diabetiker, bei denen die Zuckerkrankheit neu eingestellt werden muß, diese Kur durchführen. Aber auch jeder andere sollte – bevor er sich zu dieser Gewaltkur entschließt – vorher mit seinem Arzt sprechen.
Durch die »Humplik-Diät« wird nicht nur der Körper, sondern auch der Geldbeutel einigermaßen strapaziert: Die bei dieser Kur erlaubten und in großen Mengen genossenen Nahrungsmittel, nämlich Fleisch, Obst und frisches Gemüse, sind teurer als die üblichen Grundnahrungsmittel wie Kartoffeln, Brot und dergleichen, die hier vom Speisezettel zu streichen sind.
Und nun zur Durchführung der Humplik-Kur. Vorgeschriebene Nahrungsmittel, von denen so viel wie möglich, jedoch immer nur dem Appetit entsprechend, gegessen werden soll:

1. Eiweiß: Jedes magere Fleisch (Gebraten, gegrillt, gekocht, geräuchert, gedörrt, roh; nicht gehackt – mit Ausnahme von Tatar –, nicht paniert, nicht in Mehl gewälzt, nicht mit Soße. Keine Innereien, außer Herz und Leber.). Jedes magere Geflügel. Zum Frühstück Eier (hartgekocht).
2. Kohlenhydrate: Roh: Radieschen, Rettich, Salatgurken (ungeschält), Kohlrabi, frische Paprikaschoten, Tomaten, Sauerkraut (= Rohkost); alle Sorten Blattsalat; Pilze; Salz- und Essiggurken.

Frischobst: Apfelsinen, Grapefruits, ungeschälte Äpfel (Nicht in Saftform! Kein Kompott!).
Gekocht oder mit sparsamer Verwendung von Kernöl gedünstet: Sämtliche Sorten von Blattgemüsen (Kohl, Kraut, Rosenkohl, Spinat natur), Sauerkraut, frischer Stangenspargel, Blumenkohl, Pilze (Ohne Mehl zubereitet; nicht in Breiform!).

3. Fett: In Form von Kernöl (zum Beispiel Sonnenblumenkernöl, Kürbiskernöl usw.) oder Keimöl. Kein Olivenöl! Sparsam verwenden.

Verbotene Nahrungsmittel, die jedoch – nach programmgemäßer Gewichtsabnahme und allmählicher Umstellung auf Normalkost – nacheinander wieder in den Speiseplan aufgenommen werden:

1. Mehl und Getreideprodukte: Brot, Backwaren, paniertes Fleisch, in Mehlschwitze abgebundenes Gemüse, Nudeln, Grieß, Mais usw.
2. Zucker: Süßspeisen, Backwerk, Schokolade, Bonbons, Eis, Honig, Marmelade, Ketchup, Chutney, gezuckerte Getränke, Fruchtsäfte.
3. Kartoffeln, da sie zu rasch sättigen und dadurch die Aufnahme genügender Mengen von unrationeller Nahrung verhindern.
4. Milch und Milchprodukte
5. Tierische Fette
6. Würste
7. Reis und Hülsenfrüchte
8. Fisch
9. Suppen
10. Alkohol, schwarzer Tee
11. Einige Obstsorten: Anfangs Pfirsiche, Aprikosen, Birnen, Pflaumen, Weintrauben. Weiterhin bis zur »normalen Ernährung« Feigen, Datteln, Bananen, Zitronen, Beerenobst.

Der nachfolgende Speiseplan soll veranschaulichen, wie ein Diättag während der Humplik-Kur zusammengestellt wird:
Morgens: Kräutertee (Pfefferminz-, Hagebutten-, Kamille-, Lindenblüten-, Malventee usw.), nach Wunsch mit Süßstoff. Kein Abführtee! – Kaltes mageres Fleisch (je nach Geschmacksrichtung), Schinken, hartgekochte Eier, Rohkost, Salz- und Essiggurken. – Apfelsinen, Grapefruits, ungeschälte Äpfel (Nicht in Saftform! Kein Kompott!).
Vormittags: Mindestens alle zwei Stunden das erlaubte Obst bzw. Rohkost oder ein Stückchen Fleisch.
Mittags: Als Vorspeise immer eine große Portion grüner Salat (mit Essig, Kernöl nach Geschmack, nicht übermäßig); dem Salat kann Rohkost beigemengt werden. – Jedes magere Fleisch und Geflügel; Gemüse (welches womöglich ab und zu anstelle von Fleisch als Hauptgericht verabreicht werden soll). – Obst.
Nachmittags: Mindestens alle zwei Stunden Obst, Rohkost, Fleisch. Ist kein Appetit vorhanden, dann genügt ein Radieschen oder eine Apfelspalte.
Abends: Siehe Mittagessen. Anschließend Obst.

Zuletzt noch eine Aufstellung all jener erlaubten, »unrationellen« Nahrungsmittel, die während der Humplik-Kur nach Herzenslust genossen werden können:
Mageres Fleisch:
Rind: Rindsbraten, Filetsteak, Beefsteak, Pfeffersteak, Rumpsteak, Roastbeef, Rindfleisch (Ochsenfleisch) gekocht, Rindsbrust gepökelt und gekocht, Tatar.
Kalb: Kalbsbraten, Kalbsschnitzel natur, Kalbskotelett, Kalbsherz, Kalbsleber, Kalbszunge frisch oder geräuchert.
Schwein: Schweinsbraten, Schweinsschnitzel natur, Schweinskotelett, Eisbein, Schweinszunge frisch oder geräuchert, Schinken roh, gekocht oder gebraten, Lachsschinken, Westfäler Schinken, Rollschinken, geräuchertes Schweinefleisch (Kasseler, Räucherfleisch, Bauernschinken).

Lamm: Lammbraten, Lammrücken, Lammschulter.
Wild: Rehfilet, Rehrücken, Rehkeule, Hirschfilet, Wildschweinbraten, Hasenbraten.
Wildgeflügel: Fasan, Rebhuhn, Haselhuhn, Wachtel, Wildente, Schnepfe.
Geflügel: Brathuhn, gekochtes Huhn, Hühnerleber, Puter, Ente (mager!), Taube.
Hammel
Kaninchen

Eier: hartgekochte Eier, Soleier.

Salat (Statt Vorspeise und Suppe. Mittags und abends!): Kopfsalat, Endiviensalat, Rapunzelsalat, Brunnenkressse, Chinakohl, Chicoréesalat, Radicchiosalat, Fenchelsalat, Sauerkrautsalat, Krautsalat (ohne Speck) und selbstverständlich wildwachsende Sorten, wie Löwenzahn, Sauerampfer usw. mit Essig, ungesüßtem Senf, Kräutern, Öl (Sonnenblumenkernöl, Kürbiskernöl, Keimöl usw.).

Rohkost: Radieschen, Rettich, Bierrettich, Salatgurken (möglichst ungeschält), Tomaten (nur roh oder gegrillt), Kohlrabi (nur roh), Sellerie (nur roh), Stangensellerie (nur roh), Möhren (nur roh), Stangenspargel (frisch), Blumenkohl, frische Paprikaschoten, Sauerkraut, Essiggemüse, Essigpilze, Essig- und Salzgurken, Kapern, Pilze (roh oder gegrillt), Meerrettich.

Gemüse (in Salzwasser gekocht oder mit wenig Öl gedünstet; ohne Mehl zubereitet): alle Arten von Kohl, wie Grünkohl, Wirsingkohl, Rosenkohl, Broccoli; Weißkohl, Krautsalat (warm, ohne Speck), Sauerkraut, Rotkohl, Blumenkohl, Kochsalat natur, Spinat natur (das heißt nicht püriert, sondern die unzerkleinerten Blätter), Chicorée, Fenchel, Paprikaschoten, Stangenspargel (frisch), Pilze.

Kräuter: Basilikum, Borretsch, Dill, Estragon, Kerbelkraut, Liebstöckel, Majoran, Melisse, Petersilie, Pfefferminze, Rosmarin, Salbei, Sauerampfer, Schnittlauch, Thymian, Ysop.

Gewürze: Chillis, Curry, Essiggemüse, Gewürznelken, Gurken, Kapern, Koriander, Kümmel, Lorbeerblätter, Muskat, Paprika, Pfeffer, Pilze, Salz, Selleriesalz, Wacholderbeeren. – Ungesüßter Senf, englische Soße, Suppenwürze.

Atkins-Diät

Diese Fett-Eiweiß-Diät, von dem New Yorker Herzspezialisten Dr. Robert C. Atkins entwickelt, kommt einer Diätrevolution gleich. Millionen Amerikaner schwören auf seine Antikohlenhydrat-Methode, und auch im europäischen Raum findet Dr. Atkins eine immer größer werdende Anhängerschaft. Worin bestehen nun die besonderen Vorzüge in dieser revolutionären Schlankheitskur? Hier sind die üppigsten Nahrungsmittel erlaubt: Speck, Sahne, Mayonnaise, vollfetter Käse, Schweinsbraten usw. Nur Kohlenhydrate sind vom Speisezettel fast gänzlich zu streichen, und an dieser Maßnahme muß streng festgehalten werden – sie ist die Basis, auf der die Diät aufgebaut ist und entscheidet über Erfolg oder Mißerfolg. Dr. Atkins hat sich nämlich folgende wissenschaftliche Erkenntnisse bei seiner Ernährungstheorie zunutze gemacht:
Von allen dem Organismus zugeführten Energiespendern werden zuallererst immer die Kohlenhydrate verarbeitet, und dabei wird das »Dickmacherhormon« Insulin ausgeschüttet, das das Appetitzentrum anregt. Ein Teufelskreis entsteht: mehr Kohlenhydrate bedeuten mehr Insulin und dies wiederum bedeutet mehr Hungergefühl. Wird nun die Kohlenhydratzufuhr gestoppt, werden zwei fettverzehrende Prozessse in Gang gesetzt: Zunächst einmal wird für die

benötigte Energie die Reserve aus den Fettdepots geholt, und dann schüttet die Hirnanhangdrüse zusätzlich ein fettmobilisierendes Hormon aus, das die Tore zu den körpereigenen Fettspeichern öffnet. Ist dieses Hormon im Blut angelangt, wird das Signal zum Angriff auf den Körperspeck gegeben. Dieses Hormon, erst 1960 entdeckt, wird offenbar nur dann gebildet und wirksam, wenn dem Körper so gut wie gar keine Kohlenhydrate zugeführt werden.

Aus diesem Grund muß in den ersten sieben Tagen der Kur besonderer Wert auf den radikalen Verzicht von Kohlenhydraten gelegt werden. In der Folgezeit wird dieser strenge Diätplan etwas gelockert. Aber keine Angst! Bei dem großen Angebot der erlaubten Nahrungsmittel – insbesondere der Fette, die schnell und anhaltend sättigen – tritt erst gar kein Hungergefühl auf.

Dabei kann in der ersten Woche ein Gewichtsverlust von zweieinhalb bis viereinhalb Kilogramm und in der zweiten Woche ein weiterer von einem bis zwei Kilogramm erzielt werden. Bei längerer Durchführung sind Gewichtsreduktionen bis zu zwanzig Kilogramm und mehr erreichbar. Grundsätzlich kann die Diät von jedem Gesunden durchgeführt werden. Selbst Personen mit erhöhtem Cholesterinspiegel sind davon nicht ausgeschlossen, sofern sie die tierischen Fette durch pflanzliche austauschen, also Sonnenblumen-, Maiskeim-, Soja- oder Distelöl verwenden, statt fettem Fleisch mageres wählen und Margarine der Butter vorziehen. Bei Leber-, Gallen- und Nierenerkrankungen ist von dieser Kur jedoch abzuraten. Hingegen können Zivilisationskrankheiten wie Diabetes, Magengeschwüre, Migräne, Herz- und Arterienerkrankungen dabei wirksam behandelt werden. Die Atkins-Kur eignet sich auch für eine Dauerbehandlung, und es kann, wenn die Qualität der Nahrung tatsächlich umgestellt wird, eine anhaltende Gewichtsabnahme garantiert werden.

Alle jene, die sich zu dieser Kur entschließen und sie auch längere Zeit durchführen wollen, sollten vor Beginn und

längere Zeit durchführen wollen, sollten vor Beginn und später in gewissen Abständen Blutbild, Blutzuckergehalt, Cholesterin-, Triglyzerid- und Harnsäurespiegel untersuchen lassen.
Es ist sehr empfehlenswert, während der Diät ein Multivitaminpräparat einzunehmen. Insbesondere während der ersten Zeit, in der die Nahrungsmittel sehr zielgerichtet ausgewählt werden, sollte man auf gar keinen Fall darauf verzichten.
Folgende Getränke sind erlaubt: Mineralwasser, Kräutertees sowie schwarzer Tee und Kaffee mit Sahne (jedoch keine Milch!), nur mit Süßstoff angereichert; ferner mit Sacharin, Aspartame oder Cyclamat gesüßte Diätlimonaden. In der ersten Woche sind alle Alkoholika zu vermeiden, dann kann gelegentlich ein Glas trockener Weißwein nicht schaden. Um das Bier muß jedoch immer ein großer Bogen gemacht werden. Man sollte darauf achten, wenigstens zwei Liter Flüssigkeit pro Tag zu sich zu nehmen. Da diese Kur auch eine entwässernde Wirkung hat, dürfen keine Diuretika eingenommen werden. Auch Appetitzügler sind verboten.
Und noch etwas ist prinzipiell bei dieser Kur von Wichtigkeit: Sobald der Körper beginnt, sein eigenes Fett zu verbrennen – was nach zirka zwei Kurtagen eintritt –, werden im Urin Abfallprodukte der Fettverbrennung ausgeschieden, die sogenannten Ketonkörper. Diese können mittels Urinteststäbchen nachgewiesen werden, die, von verschiedenen Firmen erzeugt, in jeder Apotheke erhältlich sind. Färbt sich der Teststreifen lila bis lavendel, ist dies ein Zeichen, daß der Organismus mit dem Verbrennungsprozeß begonnen hat. Nun muß die Diät noch wenigstens weitere fünf Tage peinlich genau fortgesetzt werden. Danach können jede Woche jeweils in Mengen von zirka fünf Gramm jene kohlenhydrathaltigen Nahrungsmittel hinzugefügt werden, die man individuell am meisten entbehrte. Es wird täglich der Urin geprüft. Der günstigste Zeitpunkt ist abends, wo die Auswertung am

präzisesten ist. Wechselt der Teststreifen in ganz helles Lavendel über oder tritt gar keine Verfärbung (bleibt beige) ein, dann wurde gesündigt und das Kohlenhydratlimit nicht eingehalten. Nun muß schleunigst nach der »Kohlenhydratbombe« gefahndet und der Speiseplan entsprechend abgeändert werden.
Und nun zum Diätplan und einigen köstlichen Atkins-Rezeptvorschlägen:

Die Grundregeln:

1. Zählen Sie keine Kilokalorien/Kilojoule!
2. Essen Sie von den erlaubten Nahrungsmitteln soviel, wie Sie brauchen, um nicht hungrig zu sein.
3. Essen Sie nichts, wenn Sie nicht hungrig sind!
4. Glauben Sie nicht, Sie müßten alles aufessen, nur weil es auf Ihrem Teller liegt!
5. Trinken Sie so viel Wasser oder kalorien-/joulefreie Getränke, wie Sie Durst haben. Schränken Sie Ihre Flüssigkeitszufuhr nicht ein. Das Gegenteil ist allerdings auch nicht notwendig.
6. Häufigere kleinere Mahlzeiten sind besser.
7. Falls sich durch die rasche Gewichtsabnahme Schwächeanzeichen bemerkbar machen, brauchen Sie wahrscheinlich mehr Salz.
8. Nehmen Sie jeden Tag eine hochdosierte Multivitamintablette.
9. Lesen Sie die Etiketten auf »kalorien-/joulearmen« Diät-Getränken, Diät-Marmeladen und Diät-Süßspeisen.

Es folgt nun eine Aufstellung jener Nahrungsmittel, die während der Kur erlaubt sind. Ausdrücklich sei nochmals darauf hingewiesen, daß insbesondere in der ersten Woche keine anderen als die in der nachstehenden Liste angeführten Lebensmittel gegessen werden dürfen!

Fleisch: Steaks, Corned beef, Lammkoteletts, Zunge, Gehacktes – also Fleisch in jeder Art und Menge außer Fleisch mit Füllzusätzen wie in Würstchen, Fleischklößen und manchen Wurstwaren!
Geflügel: Ente, Puter, Huhn – alles, was Flügel hat, jedoch keine Füllungen!
Fisch: Alle Fische, einschließlich Dosenlachs und Thunfisch. Alle Meeresfrüchte, geräuchert und in Öl aus Dosen – außer Austern, Muscheln und Fischkonserven mit Gemüsezusätzen (mit sauren Gurken, Tomaten usw.) und Soßen.
Salate: Zwei kleine Portionen (je eine Tasse locker gepackt) grüner Salat pro Tag (nur grüne Blätter!), Selleriestangen, Gurke oder Rettich, Soßen aus Essig, Öl, Salz, Kräutern, getrockneten Gewürzen, geriebenem Käse oder Sardellen. Anstatt des Salates können auch eine saure Gurke und grüne Oliven gewählt werden.
Eier: Unbegrenzt in jeder Form und Zubereitungsart.
Gewürze: Salz, Pfeffer, Senf, Meerretttich, Essig, Vanille und andere Extrakte und Aromata; Süßstoff; alle gemahlenen Gewürze, die keinen Zucker enthalten.
Fette: Butter, Pflanzenöl, Pflanzenmargarine, Mayonnaise, Speck.
Schlagsahne: Vier Teelöffel pro Tag – Sahne enthält weniger Kohlenhydrate als Milch. Aus diesem Grund ist Milch verboten!
Käse: 110 g Hartkäse pro Tag (zum Beispiel Edamer, Gouda, Emmentaler, Appenzeller, Tilsiter, Havarti). – Keinen Schmelz- oder Weichkäse!
Getränke: Wasser, Mineralwasser, Rinder- und Hühnerbrühe; Diätlimonaden ohne Zucker, Kaffee, Tee, koffeinfreier Kaffee.
Süßspeisen: Götterspeisen, mit Süßstoff zubereitet.
Obstsäfte: Saft einer Zitrone oder Limone.

Jetzt folgen alle jene Nahrungsmittel, mit denen man den Speiseplan nach den ersten sieben Kurtagen erweitern kann:

Gemüse: Auberginen, Avocados, Bambussprossen, Blumenkohl, Wachsbohnen und grüne Bohnen, Champignons, Chinakohl, Rot-, Weiß- und Grünkohl, Kohlrabi, Kürbis, Mangold, Paprikaschoten, Rharbarber, Rosenkohl, Sauerkraut, Sojakeime, Spargel, Spinat, Tomaten, Zucchini, Zwiebeln.
Salate: Brunnenkresse, Chicorée, Chinakohl, Endiviensalat, Eskarol, Feldsalat, Fenchel, Gurken, Kopfsalat, grüne und schwarze Oliven, grüne Paprikaschoten, Radieschen, saure Gurken, Schalotten, Selleriestangen, Zwiebeln.
Kräuter: Petersilie, Kresse, Schnittlauch, Dill.
Salatgarnierungen: Gehackte, hartgekochte Eier, gehackte, geschmorte Champignons, geriebener Käse, gebratene Frühstücksspeckbrösel, geröstete Schweineschwarten-Chips (anstatt Croutons), saure Sahne.
Appetithappen oder Zwischenimbisse: Aspik (auch Götterspeisen mit Süßstoff zubereitet), Cocktailwürstchen, Fleischklößchen (nur aus Fleisch zubereitet), Fleischaufschnitt (ohne Füllzusätze), gefüllte Eier, geräucherter Lachs, Hühnerkeulen, Hühnerflügel, Käsewürfel, Sardinen, Garnelen (auch Krabbben und Krebsschwänze mit Mayonnaise-Dip), Schweineschwarten-Chips mit Käse, Tatar.
Sandwiches: Da Brot streng verboten ist, sind der Fantasie für sogenannte »Fingerhappen« keine Grenzen gesetzt. Zum Beispiel: gehackte rohe Zwiebeln in geräuchertem Lachs, saure Sahne mit Kaviar zwischen zwei Gurkenscheiben, gekochter Schinken mit Senf zwischen zwei Scheiben Schweizer Käse, ein langes Stück Chesterkäse in einem Salatblatt, mit Krabben und Dill-Mayonnaise gefüllte Gurken (der Länge nach aufgeschnitten).
Auf die nachstehend angeführten Genußmittel ist bei der Atkins-Diät radikal zu verzichten! Dazu sei noch bemerkt, daß hier nur ein gewisser Teil aufgezählt werden kann und diese Liste daher unvollständig und nur richtungsweisend zu betrachten ist:
Alle Backwaren, Bananen, alle Bohnensorten (außer Wachs-

bohnen und grüne Bohnen), Bonbons, Brot, Cashewnüsse, Crackers, Datteln, Eiscreme, Erbsen, Feigen, Fruchtsäfte, Fruchtsirup, alle Getreideflocken, Grieß, Honig, Joghurt (mit Zucker, Frucht- oder sonstigen Zusätzen), Kartoffelmehl, Kartoffeln, Kaugummi, Kekse, Ketchup, Kuchen, Mais, Maisstärke, Makkaroni, Marmelade, Mehl, Milch, alle Nudelsorten, Pfannkuchen, Pralinen, Reis, Rosinen, Schokolade, Sirup, Spaghetti, alle Süßigkeiten und Süßspeisen, süß-saure Gurken, alle Teigwaren, Trockenfrüchte, Zucker.

Die folgenden Menüvorschläge sollen zeigen, wie beispielsweise der Speiseplan während einer Kurwoche zusammengestellt werden kann:

1. Tag:
Morgens: 2 Spiegeleier mit Speck oder 2 Rühreier mit Schnittlauch und Schinkenstreifen in Butter gebraten oder 2 Eier im Glas, dazu ein Diätbrötchen (Zubereitung siehe »Rezeptvorschläge«) mit Butter. Dazu jeweils Kaffee oder Tee mit ungesüßter Sahne und je nach Geschmack mit Süßstoff. 1 Multivitaminkapsel.
Mittags: Krabbencocktail mit Mayonnaise, ein Omelett aus drei Eiern (ohne Mehl) mit Schinkenstreifen und einer Scheibe Käse gefüllt, eine Portion gemischten Salat mit Soße nach eigener Wahl.
Abends: Aufschnittplatte: zirka 100 g Aufschnitt, bestehend aus Kasseler, Roastbeef, Schinken, Mortadella und Salami, mit Gürkchen garniert. Dazu eventuell ein Glas trockenen Weiß- oder Rotwein (Bevorzugt mit Diabetiker-Weinsiegel!).

2. Tag
Morgens: Siehe Vorschläge für den ersten Tag.
Mittags: Rindsbouillon mit Ei, Steak mit Sauce béarnaise oder Kräuterbutter, eine Portion gemischter Salat.
Dessert: Rote Grütze (auch als fertiges Trockenprodukt

erhältlich) mit Süßstoff zubereitet und zwei Eßlöffeln flüssiger Sahne garniert.
Abends: Jumbo-Cheeseburger: 150 g Hackfleisch mit Salz, Pfeffer, Paprika, gehackter Zwiebel, etwas Senf, Petersilie und einem Eigelb vermischen. Fleischplätzchen von allen Seiten gut anbraten und schließlich im Rohr mit einer Scheibe Käse überbacken. Dazu eine Portion Gurkensalat mit Sahne-Dressing und vielen frischen Kräutern. Zur Mahlzeit darf Senf aber kein Ketchup gereicht werden!

3. Tag:
Morgens: Siehe Vorschläge für den ersten Tag.
Mittags: Hühnerbrühe mit Fleischeinlage. Geschnezeltes Kalbfleisch mit zwei Eßlöffeln Sahne (ohne Mehl) und einer Handvoll Champignons zubereitet. Dazu eine Tasse grüne Bohnen in Butter geschwenkt. Dessert: 100 g frische Erdbeeren mit zwei Eßlöffeln flüssiger Sahne.
Abends: Florentinische Eier: Eine Portion frischer Blatt- oder Tiefkühlspinat, gewürzt und mit gehackten Zwiebeln und etwas Butter gedünstet in eine Auflaufform geben. Zwei Spiegeleier so kurz anbraten, daß das Eiweiß noch nicht gestockt ist, auf den Spinat setzen und mit Reibkäse und Butterflöckchen garnieren. Fünf Minuten im vorgeheizten Rohr überbacken.

4. Tag:
Morgens: Siehe Vorschläge für den ersten Tag.
Mittags: Klare Gemüsesuppe (ohne Kartoffeln). Rindsroulade mit Speck und Gürkchen gefüllt, die Soße mit zwei Eßlöffeln Sahne gebunden. Dazu eine Portion Blumenkohl mit zerlassener Butter. Dessert: ein Stück Käse nach eigener Wahl.
Abends: Quark délice: 150 g Magerquark mit einer halben Tasse saurer Sahne sämig rühren, mit Salz, Pfeffer, gehackten Zwiebeln und Schnittlauch abschmecken. Mit Radieschenscheiben und Gurkenscheiben garnieren. Dazu ein Diätbröt-

chen mit Butter und drei Eßlöffeln weißem oder rotem Heringssalat.

5. Tag:
Morgens: Siehe Vorschläge für den ersten Tag.
Mittags: Fischfilet in Öl oder Butter gebraten, dazu Sauce tartare (zwei Eßlöffel Mayonnaise mit zerhackten Gürkchen mischen), eine Portion gemischter Salat. Dessert: ein Stück Käse nach Wahl oder eine Portion Götterspeise (als fertiges Trockenprodukt erhältlich) mit zwei Eßlöffeln Sahne.
Abends: Salat Nizza: Einen halben Salatkopf zerkleinern und mit einer Soße nach eigener Wahl übergießen. Die Blätter dann mit sechs gefüllten Oliven, einer kleinen Dose Thunfisch in Öl (ohne Gemüsezusätze!), einem hartgekochten Ei in Scheiben und blättrig geschnittenen Radieschen garnieren. Dessert: ein Stück Käse und eventuell ein Glas trockener Wein.

6. Tag:
Morgens: Siehe Vorschläge für den ersten Tag.
Mittags: Rindsbouillon mit Mark, ein halbes Brathuhn oder Schweinsbraten in Natursoße, eine Portion gemischter Salat.
Abends: Heringsfilet im Sahnetöpfchen: Zwei bis drei Heringsfilets werden in einer Soße aus drei Eßlöffeln Mayonnaise und zwei Eßlöffeln saurer Sahne, die mit Salz, Pfeffer, gehacktem Dill, Zwiebelringen und Gewürzgurkenscheiben verrührt werden, serviert.

7. Tag:
Morgens: Siehe Vorschläge für den ersten Tag.
Mittags: Spargelcremesuppe: Eine Tasse Spargelsud würzen, ein Eigelb mit einem Eßlöffel Sahne aufschlagen und vorsichtig – die Suppe darf nicht kochen! – unterziehen. Dazu 250 g frischen Stangenspargel mit zerlassener Butter oder Sauce hollandaise, etwas Schinken und ein gefülltes Ei (das hartge-

kochte Eigelb mit Mayonnaise mischen und wieder einfüllen).
Nachmittags: Kaffee mit Käsekuchen »spécial« (Zubereitung siehe »Rezeptvorschläge«).
Abends: Moussaka: Eine gehackte Zwiebel mit Champignons und 125 g gewürztem Hackfleisch in Öl anbräunen, etwas Wasser dazugeben und mit Muskat und Tomatenmark abschmecken. Eine Minute köcheln lassen. Eine geschälte Aubergine in Scheiben schneiden und in Wasser zehn Minuten vollsaugen lassen, abtrocknen. Die Scheiben in Pflanzenöl auf beiden Seiten glasig braten. Schichtweise Auberginen und Hackfleisch in eine Auflaufform füllen. Mit Käse bestreuen und im Rohr dreißig Minuten überbacken.

Damit Naschkatzen bei dieser Diät nicht zu kurz kommen, hat sich Dr. Atkins ganz spezielle leckere süße Rezepte ausgedacht, von denen einige hier vorgeschlagen sind:
Atkins-Diätbrötchen (ergibt 6 Stück): 3 Eier, 3 Eßlöffel möglichst trockener (aber cremiger) Magerquark, Süßstoff nach Belieben. Backrohr auf 150 Grad vorheizen. Eigelb sorgfältig vom Eiweiß trennen und mit Quark und Süßstoff schaumig, das Eiweiß zu schnittfestem Eischnee, schlagen. Dann Eischnee vorsichtig aber schnell unter Eigelb-Quarkmasse ziehen und diese Schaummasse sofort mit einem großen Eßlöffel in sechs Häufchen auf ein gefettetes Backblech setzen. Im Rohr zirka eine Stunde, bis sie goldbraun sind, backen lassen. Die fertigen Brötchen werden im Rohr abgekühlt, damit sie nicht zusammenfallen.
Insgesamt: 3,1 g Kohlenhydrate, pro Brötchen: 0,5 g Kohlenhydrate.

Käsekuchen »spécial«:
6 Eier, 1 kg Magerquark, 2 Eßlöffel Zitronensaft, 2 Teelöffel Vanille-Extrakt, 4 Teelöffel weiche Pflanzenmargarine oder Sonnenblumenöl, die Menge von 30 Teelöffeln Zucker entsprechenden Süßstoff.

Backrohr auf 170 Grad vorheizen. Alle Zutaten gründlich mit dem Mixer zu einer glatten, sämigen Masse verrühren, wobei der Quark portionsweise dazugegeben wird. Diese Masse in eine lange, gebutterte Kastenform füllen und zirka 45 Minuten backen, bis sie fest ist. Bei geöffnetem Backrohr auskühlen lassen und über Nacht in den Eisschrank stellen. Dadurch wird der Kuchen noch köstlicher.
Variationen: Sofern die Aromastoffe wirklich kohlenhydratfrei sind, kann dieser Kuchen auch mit Arrak-Aroma, Bittermandel-Aroma, Rum-Aroma und dergleichen geschmacklich abgewandelt werden.
Insgesamt: 26,2 g Kohlenhydrate.

Mousse au Chocolat (Schokoladencreme, für 8 Portionen):
10 g ungesüßtes Kakaopulver, $^1/_2$ Liter flüssige Schlagsahne, 3 Blatt weiße Gelatine, 1 Eßlöffel kaltes Wasser, 1 Teelöffel Vanilleextrakt, 25 g gehackte Walnüsse, 2 zimmerwarme Eiweiß, Süßstoff nach Belieben.
Kakaopulver mit einer halben Tasse Sahne vermischen und erhitzen, bis der Kakao sich aufgelöst hat. Die in kaltem Wasser eingeweichte Gelatine hinzufügen und so lange rühren, bis die Masse kurz vor dem Aufkochen ist. Vom Herd nehmen. Nach dem Erkalten Walnüsse und Süßstoff nach Belieben dazugeben. Dann wird die restliche Sahne mit Vanilleextrakt und das Eiweiß zu Eischnee geschlagen. Beides nach Geschmack mit Süßstoff abschmecken. Jetzt wird die kalte Kakaomasse unter die Schlagsahne und diese wiederum unter den Eischnee gezogen. In eine hübsche Schale füllen und für vier Stunden in den Kühlschrank stellen.
Insgesamt: 23,3 g Kohlenhydrate, pro Portion: 2,9 g Kohlenhydrate.

Vanilleeis (für 7 Portionen):
6 Blatt weiße Gelatine, 33 cl kaltes Wasser, 2 Eßlöffel kaltes Wasser, 58 cl flüssige Schlagsahne, 1 Eßlöffel Vanilleextrakt

oder das ausgeschabte Innere von einer 5 cm langen Vanilleschote. 1 Messerspitze Salz, Süßstoff nach Belieben. Gelatine zehn Minuten in 2 Eßlöffeln kaltem Wasser quellen lassen. 25 cl Sahne mit der Hälfte des Wassers zum Sieden bringen und kurz vor dem Aufkochen die Gelatine hineinrühren, bis sie sich aufgelöst hat. Mischung erkalten lassen und dann Salz, die restliche Sahne, den Rest des Wassers und die Vanille hinzufügen, mit Süßstoff nach Belieben abschmecken. In einem entsprechenden Gefäß im Gefrierfach hart frieren.
Insgesamt: 18 g Kohlenhydrate, pro Portion: 2,6 g Kohlenhydrate.

Capuccino Cooler:
$^1/_4$ Liter Kaffee, $^1/_2$ Teelöffel Zimt, 1 Eßlöffel flüssige Schlagsahne, Süßstoff nach Belieben.
Sahne und Zimt im Kaffee verrühren und nach Belieben mit Süßstoff abschmecken.
Insgesamt: 1,5 g Kohlenhydrate

Köhnlechners Manager-Diät

Dr. Manfred Köhnlechner, Absolvent der Studien für Rechts- und Betriebswissenschaften, entwickelte seine Diät aus gegebenem Anlaß: Bevor er als geprüfter Heilpraktiker seine Naturheilpraxis in Grünwald bei München eröffnete, war er selbst fünfzehn Jahre lang Generalbevollmächtigter eines großen Industrieunternehmens. Seine berufliche Belastung durch das Top-Management und die eigene Konfrontation mit dem Problem des Übergewichtes und dessen Folgen, wie Kreislaufschwäche, Bluthochdruck und Kurzatmigkeit, veranlaßten ihn, sich eingehender mit dem Gebiet des Ernährungswesens zu beschäftigen. Durch Umstellung seiner bisherigen Nahrung beziehungsweise durch die Diät, die er daraufhin ausarbeitete, konnte er bereits nach sechs Monaten einen

Gewichtsverlust von zwanzig Kilogramm erzielen. Auch andere probierten seine Diät aus und verloren innerhalb von vierzehn Tagen durchschnittlich zweieinhalb Kilogramm. Bei einer Wiederholung nach zweimonatiger Pause wurde eine weitere Gewichtsreduktion von zweieinhalb Kilogramm gemessen. Außerdem wurde bei einem Großversuch in England an 40000 Personen ein erfolgreicher Test durchgeführt.
Dr. Köhnlechner richtet seine Diät nach folgenden Kriterien aus: Sie ist unschädlich; für jeden geeignet – wobei trotzdem vorher unbedingt der Hausarzt konsultiert werden sollte; sie erfüllt einen zusätzlichen therapeutischen Effekt; sie ist spürbar und sichtbar wirksam und bedeutet kein entmutigendes langsames, grammweises Abmagern; sie ist einfach durchführbar und ebenso einfach einzuhalten.
Bei Gichtkranken und Nierenleidenden ist diese Kur nicht angebracht. Herz-, Kreislauf- und Lebererkrankungen werden hingegen therapeutisch günstig beeinflußt.
Auf Kalorien-/Joulezählen kann hier verzichtet werden. Der Erfolg der Diät beruht auf der Einhaltung folgender drei Bedingungen:

1. Anzustrebendes Idealverhältnis der täglichen Nahrungszufuhr: 60 Prozent Eiweiß, 30 Prozent Fett, 10 Prozent Kohlenhydrate
2. Trennkost
3. Obstessig (Apfelessig)

Die Ernährung setzt sich zum größten Teil aus viel Eiweiß, weniger Fett und einem Minimum an Kohlenhydraten zusammen. Besonderes Gewicht wird auf Trennkost gelegt: konzentrierte Kohlenhydratträger (wie Brot, Brötchen und andere Getreideprodukte) werden nur zum Frühstück genossen. Für den Rest des Tages sind sie vom Speisezettel zu verbannen, und die noch verbleibenden Kohlenhydratanteile dürfen nur in Form von Gemüse und Salaten dem Körper zugeführt werden. Da Obst besonders reich an Kohlenhydraten ist, muß es gänzlich für die Dauer der Kur gestrichen werden. Der Obstessig – der aus ganzen, ausgereiften Äpfeln zubereitet sein muß und nicht mit Weinessig verwechselt werden darf – spielt insofern eine wichtige Rolle, als er den Ausgleich für das gestrichene Obst schafft und zusammen mit Salaten, Gemüse und etwas Honig alle Vitamine, Mineralsalze und Spurenelemente liefert, die der Körper verlangt. Außerdem ist seine Eigenschaft, die Fettverbrennung im Organismus anzukurbeln und damit einen zusätzlichen Gewichtsverlust herbeizuführen, sehr entscheidend und nicht zu unterschätzen.

Nun zu den Getränken: Wer dem Genuß des Alkohols absolut nicht abschwören will, kann sich ohne weiteres gelegentlich ein Glas trockenen Sekt oder trockenen Weißwein (bevorzugt sind Weine mit Diabetikersiegel) genehmigen. Es sollte dabei nur auf den Kohlenhydratanteil geachtet werden. Beim kohlenhydratreichen Bier wird die Angelegenheit schon kritischer. Wem also der Verzicht auf Bier besonders schwerfällt, dem sei hin und wieder ein Weißbier gestattet, das den niedrigsten Kohlenhydratwert aufweist.

Für den täglichen Flüssigkeitsbedarf sind Mineralwasser, Kräutertee, schwarzer Tee und Kaffe erlaubt. Dabei soll reichlich getrunken und die geforderte Mindestmenge von eineinhalb Litern eingehalten werden.

Um einen sichtbaren Erfolg zu erreichen, ist es ratsam, die Kur mindestens vierzehn Tage, aber nicht länger als vier Wochen hintereinander durchzuführen. Natürlich kann sie nach einem entsprechenden Zeitabstand wiederholt werden.

Diätprogramm:

Folgende Nahrungsmittel sind während der Diät empfehlenswert:

Fleisch: mageres Kalb-, Rind- und Schweinefleisch; Kalbs- und Schweinsniere, Kalbs- und Schweinsleber, Tatar; deutsches (!) Corned beef, Roastbeef, Rinderzunge, gekochter Schin-

ken, Wiener Würstchen, Weißwurst, Leberkäse, Sülzfleisch, Lachsschinken
Wild: Hase, Reh, Wildgeflügel, Wildschwein
Geflügel: Huhn
Fisch: Heilbutt, Kabeljau, Filet vom Gold- und Rotbarsch, sowie vom Schellfisch, Hecht und Seelachs, Forelle, Hering, Matjesfilet, Krabben, Stockfisch
Käse: Magerquark, Magerkäse, Schichtkäse, Limburger, Harzer
Fette: Öle und hochwertige Margarine mit hohem Linolsäureanteil
Gemüse: alle Sorten bis auf Wurzelgemüse
Salat: alle grünblättrigen Arten

Folgende Nahrungsmittel sind während der Diät nicht erlaubt:
alle Backwaren, alle Teigwaren, alle Hülsenfrüchte, alle Süßwaren und Zucker; Kartoffeln in jeder Form, Reis, Haferflokken, Cornflakes, Grieß usw.; Tomatenmark, Tomatenketchup, Bratensoßen; Obst und Obstsäfte; Nüsse.

Frühstück:
Vor dem Frühstück täglich einen bis zwei Eßlöffel Obstessig (Apfelessig) mit einem Teelöffel Honig im Glas Wasser verdünnt trinken.
Kaffee oder jede Art von Tee kann nach Belieben, allerdings nur mit Süßstoff, getrunken werden.
Konzentrierte Kohlenhydratträger sind nur in Form von einem Brötchen oder zwei Scheiben Vollkornbrot oder drei Scheiben Knäckebrot erlaubt.
Auf Marmelade und andere Süßigkeiten sowie auf Cornflakes, Haferflocken und dergleichen sollte während der Dauer der Diät verzichtet werden.
Vom allgemeinen Obstverbot sind Grapefruits und Wassermelonen ausgenommen. Anschließend nun einige Vorschläge:

1. Knäckebrot mit Kalbsleberwurst oder Putenwurst, Senf, Tomate, ein Glas Buttermilch
2. Vollkornbrot mit Butter, zwei Rühreier mit Schnittlauch, ein kleines Glas Tomatensaft
3. zwei Scheiben Toast mit Butter, ein bis zwei weichgekochte Eier, eine halbe Grapefruit
4. ein Becher Joghurt, eine Scheibe Schwarzbrot mit Butter, Bündnerfleisch mit Essiggurken oder 200 g Wassermelone
5. Tellerfleisch mit Meerrettich, eine Brezel, Möhrensaft
6. eine Scheibe Schwarzbrot mit Butter und Schinken, eine Scheibe Pumpernickel mit Camembert, ein Glas Milch
7. ein Knäckebrot mit Butter und Lachsschinken, eine Scheibe Schwarzbrot oder Pumpernickel mit Magerquark, Schnittlauch und etwas kleingehackte Zwiebel.

Hauptmahlzeiten:
Die folgenden Vorschläge sind Mahlzeiten für den Mittag und für den Abend. Sie sind austauschbar. Nicht die Anzahl der Kilokalorien/Kilojoule sind entscheidend, sondern der Anteil der verschiedenen Energieträger: viel Eiweiß, weniger Fett und kaum Kohlenhydrate.

1. Matjesröllchen auf Gurkensalat in saurer Sahne, Filetsteak mit Stauden- oder Bleichsellerie mit »Dip« (Aus Joghurt oder Quark, mit Milch glattgerührt, Salz, Pfeffer, Tabasco oder Kräutern gewürzt.);
   Mokkagelee (Für zwei Personen: 10 g Kaffee mit 10 cl Wasser filtrieren, mit 10 cl Milch aufgießen, 3 Blatt Gelatine eingeweicht und ausgedrückt dazugeben, mit Süßstoff abschmecken, kaltstellen und vor dem Steifwerden 1 geschlagenes Eiweiß unterziehen.)
2. Sardinen auf Salatblatt, mit Tomate und hartem Ei; Rinderzunge mit gedünstetem Gemüse;
   Zitronenschaum (Quark, Eiweiß und etwas Sahne mischen, mit Zitronensaft und Süßstoff abschmecken, kaltstellen.)

3. Klare Brühe;
gedünstetes Kalbsschnitzel mit Champignons
4. Krabben im pikanten Dip (Hüttenkäse mit Buttermilch mischen, salzen, cremig rühren, mit Dill über Krabben gießen.);
Hühnerschenkel (Mit etwas Zwiebel in wenig Salzwasser zwanzig Minuten weichkochen, abtropfen, trocknen, mit Senf bestreichen und eine Nacht im Kühlschrank lassen. Dann stark gepfeffert braten.);
Französischer Salat (Kopfsalat, Tomatenschnitze und gewürfelte Gewürzgurke in Salatsoße aus Öl, Essig, Salz und Schnittlauch schwenken, mit geriebenem Käse bestreuen.)
5. Klare Brühe;
Schweinslendchen mit gedünsteten grünen Bohnen;
Buttermilchspeise (Für zwei Personen: 20 cl Buttermilch mit Zitronensaft und Süßstoff verquirlen, mit 3 Blatt eingeweichter und ausgedrückter Gelatine verschlagen, in Förmchen füllen, nach Erkalten stürzen.)
6. Thunfischsalat mit Champignons, Oliven, Ei;
Gurken-Steak (Beefsteak in breite Streifen schneiden, mit Gurkenwürfeln 40 Minuten schmoren.)
7. Hüttenkäse mit kleinen Salatgurkenwürfeln, Salz, Pfeffer;
Lammbraten mit Bohnen
8. Kalbsleber mit Auberginen;
Schaumcreme aus Johannisbeerwein, Eiweiß, Gelatine und Süßstoff
9. Schweinsbraten oder Kasseler mit Sauerkraut;
Vanille-Quark (Quark, Vanille-Extrakt, flüssiger Süßstoff)
10. Wassermelone;
Brunnenkresse-Salat mit Schwalbennestern (1 dünnes Kalbschnitzel leicht salzen, darauf 1 Scheibe Schinken und 1 geschältes, hartgekochtes Ei. Aufrollen, mit Faden binden, in Öl braun braten, halbiert auf grünem Salatblatt servieren.)

11. Räucherlachs oder Schinken mit Gemüsesülze (Blumenkohl, grüne Bohnen, Spargel, Pfifferlinge, 1 Ei mit Essigwasser, in dem Gelatine aufgelöst ist, in Schalen geben, kaltstellen. Gestürzt mit Essiggürkchen garnieren.)
12. Roastbeefbraten mit Rotkohl;
    Mokka-Creme (Magerquark, Pulverkaffee und Süßstoff)
13. Schildkrötensuppe;
    gegrilltes Huhn mit Salatplatte
14. Klare Wildbrühe;
    Rehrücken oder Rehsteak mit Pilzen;
    Käsewürfel mit Radieschen
15. Kalbssahnegulasch mit Salat aus grünen Bohnen;
    Joghurt mit Grapefruitwürfeln
16. Tafelspitz mit Meerrettich und Spinat;
    Schaum-Omelette
17. Wassermelone;
    Pfeffersteak mit Gemüseplatte;
    $^1/_2$ Camembert
18. Fleisch-Fondue mit Sauce tartare, Salat;
    Grapefruit-Quark
19. Geschnetzeltes Kalbfleisch, Champignons, Spargel;
    Götterspeise (Als fertiges Trockenprodukt erhältlich, mit Süßstoff zubereitet.)
20. Bouillon mit Ei;
    Geflügelsalat und Rohkostplatte
21. Zitronenkaltschale;
    Gänsebraten mit Rotkohl
22. Kalte Platte (kalter Braten, Roastbeef, deutsches Corned beef, roher Schinken), garniert
23. Klare Brühe;
    Forelle blau mit Provence-Salat (Kopfsalat, Radieschen und 1 hartgekochtes, zerhacktes Ei in Essig und Öl)
24. Seezunge (in Butter und Weißwein gedünstet) mit Gurkensalat;
    Magerjoghurt

25. Heilbutt oder Kabeljau mit Schmorgurken (Gurken in Scheiben schneiden, kurz kochen, Salz, Dill.)
26. Salm vom Rost, geraspelte Möhren; Weinschaum
27. Karpfen blau mit Gurkensalat in Rahmsoße
28. Filet von mehreren Edelfischen mit Krabben (in Weißwein gedünstet) und Salaten.

Nach dem Abendessen soll nochmals ein Glas Wasser mit einem bis zwei Eßlöffeln Obstessig (Apfelessig) getrunken werden. Diesmal ist jedoch auf den Honig (Kohlenhydrate!) zu verzichten.

Cooleys Wunderkur (750 kcal/3140 kJ)

Die folgende Kur, die von dem Amerikaner Donald G. Cooley zusammengestellt wurde, beschränkt sich auf den bevorzugten Verzehr von eiweißreicher Nahrung. Fett- und kohlenhydrathaltige Nahrungsmittel sind nur sparsam auf dem Speiseplan, der täglich durchschnittlich 750 kcal/3140 kJ enthält, vertreten.

Je dicker man ist, desto rascher kann man bei dieser Wunderkur abnehmen. Wer sich wirklich streng an den vorgeschriebenen Diätplan hält und sich nicht zwischendurch das eine oder andere Mal zum Naschen verführen läßt, kann innerhalb von zehn Tagen mit einem höchst erfreulichen Gewichtsverlust von fünf Kilogramm rechnen, wovon mindestens zweieinhalb Kilogramm tatsächliches Körperfett ausmachen. Nach zehn Kurtagen sollte jedoch eine Pause eingelegt und – wenn nötig – die Diät später wiederholt werden. Für Gesunde ist diese Schlankheitskur unschädlich; der Berufstätige sollte sie zu einer Zeit durchführen, während der er an seinem Arbeitsplatz nicht allzu großen Streßsituationen ausgesetzt ist. Im übrigen ist zu einem Arztbesuch vor Beginn der Kur anzuraten.

Da Cooley für eine vielfältige, abwechslungsreiche Nahrung plädiert – dabei jedoch das auf den Eiweißstoffen liegende Schwergewicht stets im Auge behaltend –, macht sich die von ihm entwickelte Diät die Alltagskost zunutze. Auf diese Weise werden Körper und Geldbeutel gesundgehalten.

Zunächst noch einige Hinweise, die während der Kur zu beachten sind und mit zu einem Erfolg beitragen:

Wasser, Mineralwasser, Tee und schwarzer Kaffee können nach Belieben in unbegrenzter Menge getrunken werden. Dabei kann man dem Tee Zitronen- oder Apfelsinensaft, dem Kaffee die täglich gestattete Milchportion (die nur aus Mager- beziehungsweise Buttermilch bestehen darf) zufügen. Zum Süßen ist nur Süßstoff zu verwenden. Andere Getränke, die nicht auf dem Speiseplan stehen, sind während dieser Zeit verboten. Um eventuelle Mangelerscheinungen – die bei dieser ausgeglichenen Kost nicht zu erwarten sind – vorzubeugen, ist es empfehlenswert, zwecks Mineralstoffzufuhr täglich einen Teelöffel phosphorsauren Kalk (vorher Arzt fragen!) sowie ein Multivitaminpräparat einzunehmen. Anstelle der Vitamintabletten kann auch ein speziell gemixter, sehr wohlschmeckender Vitamincocktail einverleibt werden: Einem halben Glas Tomatensaft fügt man einen Eßlöffel Nährhefe (Hefeflocken) und fünf Tropfen eines Konzentrates von Vitamin A und D (in Apotheken erhältlich) zu. Man kann statt Tomatensaft auch andere Gemüsesäfte oder Milch wählen.

Salate können mit Pfeffer, Salz und Essig, müssen jedoch ohne Öl zubereitet werden. Ebenso ist es nicht erlaubt, Zucker, Butter, Rahm oder Fett in irgendeiner Form beim Kochen zu verwenden. Es darf auch nur mageres Fleisch, gegrillt oder gedünstet, auf den Tisch kommen. Desgleichen sind gebratene Eier zu streichen – sie sind hauptsächlich gekocht zu bevorzugen.

Die Speisefolge kann innerhalb eines Tages geändert werden, ebenfalls kann man – zwecks besserer Ausnützung bereits geöffneter Büchsen – einen ganzen Diättag gegen einen anderen austauschen.

Nachstehend nun der zehntägige Kurplan:

1. Tag:
Morgens: 6 halbe gekochte oder eingemachte Aprikosen (ohne Saft), Kaffee
Mittags: 2 gekochte Fleischklöße (100 bis 120 g), viel Kopf-, Tomaten- und Gurkensalat (ohne Öl), $^1/_2$ Glas Magermilch, Kaffee oder Tee
Abends: Vitamin-Cocktail oder Grapefruitsaft, 100 bis 120 g Ochsenfilet (mager, grilliert), $^1/_2$ Tasse grüne Bohnen, 4 Stangen roher Sellerie, Kaffee oder Tee

2. Tag:
Morgens: 1 Ei (gekocht oder verloren), 1 dünne Scheibe Vollkornbrot oder Toast, Kaffee
Mittags: 1 Bauernwurst (gekocht, 100 bis 120 g), 8 bis 10 Stangen Spargel, $^1/_2$ Glas Mager- oder Buttermilch, Kaffee oder Tee
Abends: 1 Tasse klare Brühe, Ochsen- oder Kalbsleber (gedünstet, große Portion), $^1/_2$ Tasse Blumenkohl, $^1/_2$ Tomate (in Scheiben), Kaffee oder Tee

3. Tag:
Morgens: Vitamin-Cocktail oder Tomatensaft, Kaffee
Mittags: 1 Beefsteak (100 bis 120 g, mager, grilliert), $^1/_2$ Tasse grüne Bohnen, gehobelter Kohl (als Salat), $^1/_2$ Glas Magermilch, Kaffee oder Tee
Abends: 1 Tasse Bouillon, 2 Hammelkoteletts (100 bis 120 g, grilliert, nur mageres Fleisch), $^1/_2$ Tasse gedünsteter Sellerie, gemischter Salat (Endivien, Zwiebeln, Kopfsalat, Paprika-

schote, Radieschen, Gurken – je nach Geschmack und Saison), Kaffee oder Tee

4. Tag:
Morgens: 1 Ei (gekocht oder verloren), 1 dünne Scheibe Vollkornbrot oder Toast, Kaffee
Mittags: 1 Fleischkloß (60 g, gekocht), 1/2 Tasse Spinat, Blumenkohl oder Mangold, 4 Stangen roher Sellerie, 1/2 Glas Magermilch
Abends: 1 Tasse Bouillon, 1 Portion gekochtes Huhn (100 bis 120 g, nur das magere Fleisch eines halben Hühnchens), gemischter Salat (Kopfsalat, Tomaten, Gurken, Radieschen, gewiegte Petersilie)

5. Tag:
Morgens: 1 Ei (gekocht oder verloren), 1 dünne Scheibe Vollkornbrot oder Toast, Kaffee
Mittags: 1 verlorenes Ei auf Spinat, 1/2 Tasse Blumenkohl, 1/2 Glas Magermilch, Kaffee oder Tee
Abends: 1 Tasse klare Brühe, 1 große Portion Fisch mit Zitrone (nur mageren Fisch), Salat (gehobelter Kohl, geraffelte Möhren, gewiegte Petersilie, Paprikaschote mit Zitronensaft oder Essig), Kaffee oder Tee

6. Tag:
Morgens: 1 Apfelsine (in Scheiben), Kaffee
Mittags: 1 Ochsenfilet (100 bis 120 g, mager, grilliert), gehobelter Kohl (als Salat), 1/2 Tasse grüne Bohnen, 1/2 Glas Magermilch, Kaffee oder Tee
Abends: 1 Glas Vitamin-Cocktail oder Tomatensaft, 2 Hammelkoteletts (100 bis 120 g, nur mageres Fleisch, grilliert), 8 bis 10 Stangen Spargel, Kaffee oder Tee

7. Tag:
Morgens: 1 Glas Vitamin-Cocktail oder Grapefruitsaft, 1 Ei (gekocht oder verloren), Kaffee
Mittags: 1 Tasse klare Brühe, $^1/_2$ Hühnerbrust (nur mageres Fleisch) oder Roastbeef (100 bis 120 g, mager), $^1/_2$ Tasse Blumenkohl oder Mangold, Tomatenscheiben auf Kopfsalat, Kaffee oder Tee
Abends: 2 Scheiben kaltes Roastbeef vom Mittagessen (100 bis 120 g), $^1/_2$ Tasse grüne Bohnen, $^1/_2$ Glas Magermilch, 1 frischer Pfirsich oder 2 halbe Büchsenpfirsiche (ohne Saft), Kaffee oder Tee

8. Tag:
Morgens: 1 Ei (gekocht oder verloren), 1 dünne Scheibe Vollkornbrot oder Toast, Kaffee
Mittags: 1 Ei (gekocht oder verloren), $^1/_2$ Tasse gedünstete Tomaten, 1 Tasse gehobelter Kohl mit gewiegter Petersilie, Paprika, Essig oder Zitronensaft, $^1/_2$ Glas Magermilch, Kaffee oder Tee
Abends: Vitamin-Cocktail oder Apfelsinensaft, 1 Kalbskotelett (100 bis 120 g, nur mageres Fleisch, grilliert), $^1/_2$ Tasse gedünsteter Sellerie, $^1/_2$ Grapefruit, Kaffee oder Tee

9. Tag:
Morgens: $^1/_2$ Grapefruit, Kaffee
Mittags: 2 gekochte Fleischklöße (100 bis 120 g), $^1/_2$ Tasse gekochter Kohl, $^1/_2$ Glas Magermilch
Abends: Vitamin-Cocktail oder Tomatensaft, Ochsen- oder Kalbsleber (große Portion, grilliert), $^1/_2$ Tasse Spinat oder Mangold, 4 Stangen roher Sellerie, Kaffee oder Tee

10. Tag:
Morgens: $^1/_2$ Grapefruit, Kaffee
Mittags: 2 Eier (gekocht oder verloren), gehobelter Kohl (als

Salat), $^1/_2$ Tasse gedünstete Tomaten, $^1/_2$ Tasse Magermilch, Kaffee oder Tee
Abends: 1 Tasse klare Brühe, 2 Scheiben mageres Ochsen- oder Hammelfleisch (100 bis 120 g, grilliert), Salat (Kopfsalat, Gurken und Tomaten mit gewiegter Petersilie), Kaffee oder Tee

Klevers Garantiediäten:

Ulrich Klever, Koch und Verfasser einer Reihe von kulinarischen Ratgebern, hat sich eingehend mit dem Ernährungswesen beschäftigt, etliche Diäten ausgearbeitet und selbst erfolgreich ausprobiert. Zwei von ihnen werden hier vorgestellt.

● Diät für »Kochfaule« (zirka 1500 kcal/6279 kJ)

Ulrich Klever geht es vor allem darum, daß der Übergewichtige seine bisherigen schlechten Eßgewohnheiten möglichst für immer ablegt und sich auf eine eiweißreiche, jedoch fett- und kohlenhydratarme Kost umstellt. Deshalb hält er es für wichtig, sich auch mit dem Kochen Mühe zu geben und zu lernen, wie man zahlreiche kulinarische Köstlichkeiten zubereiten kann, die trotzdem nur wenig Kilokalorien/Kilojoule enthalten. Für alle jene, die nun absolut nicht kochen wollen oder aus irgendwelchen Gründen daran verhindert sind, hat er einen Diätplan zusammengestellt, der pro Tag durchschnittlich 1500 kcal/6279 kJ enthält und vorwiegend aus Fertigprodukten und Schlankheitsmahlzeiten (Leichtmahlzeiten) aufgebaut ist. Vielen unter Zeitdruck stehenden Berufstätigen und auch manchem »Single« wird diese Kur daher besonders willkommen sein. Mit ihr kann eine wöchentliche Gewichtsreduktion von ungefähr einem halben bis einem Kilogramm erreicht werden, und sie kann ohne weiteres zwei bis vier Wochen hintereinander durchgeführt werden.

Es sei ausdrücklich darauf hingewiesen, daß die genannten Fertigerzeugnisse selbstverständlich gegen ähnliche Produkte anderer Firmen ausgetauscht werden können, wobei jedoch auf ungefähre Kalorien-/Joulegleichheit zu achten ist!

1. Tag, Sonnabend (1467 kcal/6141 kJ):
Morgens: 45 g Vollkornbrot, 1 Scheibe Knäckebrot, 10 g Butter oder Diätmargarine, 1 weichgekochtes Ei, 1 Glas Diätfruchtsaft, 50 g gekochter Putenschinken, Kaffe oder Tee mit Süßstoff, ohne Milch.
Vormittags: 150 g Magerjoghurt mit Früchten, $^1/_2$ Fruchtschnitte (Reformkost).
Mittags: 1 Portion Linseneintopf (Fertigprodukt) nach Anweisung zubereiten und darin 2 Frankfurter Würstchen warm werden lassen. Dazu 1 Teelöffel Senf.
Nachmittags: 100 g Himbeergeleespeise (kalorien-/joulereduziert) mit 1 Eßlöffel Rahm.
Abends: 1 Portion Forsana Trinkmahlzeit nach Anweisung zubereiten, dazu 1 Birne.
Abendsnack: 50 g gekochter Putenschinken in Streifen, 1 Salzgurke.

2. Tag, Sonntag (1420 kcal/5944 kJ):
Spätes Frühstück: 100 g Beefsteakhack mit Salz, Pfeffer, Edelsüß- oder Rosenpaprika abgeschmeckt. Dazu 1 Tasse klare Instant-Brühe, 45 g Vollkornbrot, 1 Scheibe Knäckebrot, je 50 g Magerquark und Hüttenkäse vermischt und mit Kräutern gewürzt, 1 Apfel, Kaffee oder Tee mit Süßstoff, ohne Milch.
Zwischenmahlzeit: 1 Portion Forsana Trinkmahlzeit, dazu 1 Apfelsine.

Abends: 1 Tiefkühlfertiggericht »Hasentopf Hubertus« (300 g) erhitzen. Dazu 40 g Weißbrot.
Abendsnack: 125 g Puddingdessert Schokolade (Fertiggericht).

3. Tag, Montag (1397 kcal/5848 kJ):
Morgens: 40 g Graubrot, 1 Scheibe Knäckebrot, 5 g Butter oder Diätmargarine, 1 weichgekochtes Ei, 50 g Geflügellyoner, 30 g Hüttenkäse, 1 Glas Diätfruchtsaft, Kaffee oder Tee mit Süßstoff, ohne Milch.
Vormittags: 150 g Magerjoghurt mit Früchten, $^1/_2$ Fruchtschnitte (Reformkost).
Mittags: 2 hartgekochte Eier, 100 g Puten-Bierschinken, 2 Scheiben Knäckebrot.
Nachmittags: 1 Müsli-Riegel, 1 Tasse Kaffee oder Tee mit Süßstoff, ohne Milch. 1 Apfelsine.
Abends: 1 Portion »Huhn in Reis und Erbsen« (Diät-Fertiggericht) aufwärmen.
Abendsnack: 1 Salzgurke und 2 Tomaten mit Pfeffer und Salz, $^1/_4$ Liter Weißwein (im Kalorien-/Joule-Plan nicht mit einbezogen).

4. Tag, Dienstag (1470 kcal/6153 kJ):
Morgens: 40 g Grahambrot, 1 Scheibe Knäckebrot, 5 g Butter oder Diätmargarine, 30 g Tilsiter (30 % Fett i. Tr.), 60 g kalorien-/joulearme Fruchtzuckerkonfitüre, 30 g Hüttenkäse, 1 Glas Diätfruchtsaft, Kaffee oder Tee mit Süßstoff, ohne Milch.
Vormittags: $^1/_8$ Liter eiweißangereicherte Milch, 2 Vollkornkekse (Reformkost).
Mittags: 1 Portion Forsana Trinkmahlzeit, dazu 200 g Äpfel.
Nachmittags: 40 g Grahambrot, 50 g Rauchfleisch, dazu Tee mit Süßstoff, ohne Milch.
Abends: 1 Dose Spaghetti in Tomatensauce (Leichtmahlzeit) aufwärmen, 1 Teelöffel geriebenen Käse darüber streuen,

dazu 2 Tomaten in Scheiben und 50 g Rauchfleisch, $^1/_4$ Liter Rotwein (im Kalorien-/Joule-Plan nicht miteinbezogen). *Abendsnack:* 60 g Edamer in Würfeln.

5. Tag, Mittwoch (1444 kcal/6045 kJ):
Morgens: 45 g Vollkornbrot, 1 Scheibe Knäckebrot, 1 weichgekochtes Ei, 5 g Butter oder Diätmargarine, 60 g kalorien-/joulearme Fruchtkonfitüre, 30 g Hüttenkäse, 1 Glas Diätfruchtsaft, Kaffee oder Tee mit Süßstoff, ohne Milch.
Vormittags: 150 g Magerjoghurt mit Früchten, $^1/_2$ Fruchtschnitte (Reformkost).
Mittags: 1 Portion Tomatensuppe (Leichtmahlzeit) nach Anweisung zubereiten, dazu 1 hartgekochtes Ei und 1 Tomate, beides in Scheiben.
Nachmittags: 100 g Zitronengeleespeise (kalorien-/joulereduziert) mit 1 Eßlöffel Kondenzmilch.
Abends: 1 Tiefkühlfertiggericht »Jugoslawischer Fischtopf« (450 g) erhitzen.
Abendsnack: 1 Apfel, 1 Birne, 1 Apfelsine.

6. Tag, Donnerstag (1495 kcal/6262 kJ):
Morgens: 40 g Graubrot, 1 Scheibe Knäckebrot, 5 g Butter oder Diätmargarine, 50 g Kräuterleberpastete (kalorien-/joulereduziert), 30 g Tilsiter (30 % Fett i. Tr.), 30 g Hüttenkäse, 1 Glas Diätfruchtsaft, Kaffee oder Tee mit Süßstoff, ohne Milch.
Vormittags: $^1/_8$ Liter eiweißangereicherte Milch, 1 Müsli-Riegel.
Mittags: 1 Portion Forsana Trinkmahlzeit, dazu 200 g Preiselbeeren (Diätkompott).
Nachmittags: 40 g Grahambrot, 50 g Kräuterleberpastete (kalorien-/joulereduziert).
Abends: 1 Portion »Rindfleisch Jägerart mit Eierspätzle« (Diät-Fertiggericht) aufwärmen.
Abendsnack: 50 g Camembert (25 % Fett i. Tr.), 1 Birne.

7. Tag, Freitag (1405 kcal/5881 kJ):
Morgens: 40 g Grahambrot, 1 Scheibe Knäckebrot, 1 weichgekochtes Ei, 5 g Butter oder Diätmargarine, 60 g kalorien-/joulearme Fruchtzuckerkonfitüre, 30 g Hüttenkäse, 1 Glas Diätfruchtsaft, Kaffee oder Tee mit Süßstoff, aber bitte ohne Milch.
Vormittags: 150 g Magerjoghurt mit Früchten, $^1/_2$ Fruchtschnitte (Reformkost).
Mittags: 1 Portion Kartoffelsuppe (Leichtmahlzeit) nach Anweisung zubereiten, dazu 100 g Puten-Gelbwurst.
Nachmittags: 125 g Puddingdessert Schokolade (Fertiggericht).
Abends: 1 Portion »Szegediner Gulasch« (Diät-Fertiggericht) aufwärmen.
Abendsnack: 1 Apfel, 1 Birne, 2 Vollkornkekse (Reformkost).

● 7-Tage-Radikalkur (zirka 950 kcal/3977 kJ)

Diese Diät hat Ulrich Klever für jene zusammengestellt, die innerhalb kürzester Zeit zwei bis drei Kilogramm abnehmen möchten. Da sie einigermaßen anstrengend ist, wird empfohlen, vor Beginn der Kur auf jeden Fall einen Arzt zu befragen und feststellen zu lassen, ob der Kreislauf stabil genug ist. Bei auftretendem Schwindelgefühl während der Diät sollte man sie abbrechen und auf zwei verlängerte, ruhige Wochenenden verteilen. Ausgedehnte Spaziergänge an frischer Luft kommen dem Kreislauf und dem allgemeinen Wohlbefinden zugute. Auf die zusätzliche Einnahme eines Multivitamin- und Kalkpräparats sollte nicht verzichtet werden. Auf jeden Fall ist die Diät nicht länger als sieben Tage hintereinander anzusetzen. Falls das erwünschte Gewicht dabei noch nicht erreicht wurde, kann eine zwei- bis dreiwöchige Pause eingeschaltet werden, in der man zum Beispiel auf Klevers Diät für

»Kochfaule« umsteigt. Danach kann die Radikalkur nochmals wiederholt werden.

Auch hier sei nochmals darauf hingewiesen, daß die genannten Fertigerzeugnisse im nachstehenden Speiseplan gegen ähnliche Produkte anderer Firmen ausgetauscht werden können, wobei jedoch auf die ungefähre Kalorien-/Joulegleichheit zu achten ist!

1. Tag, Sonnabend (858 kcal/3592 kJ):
Morgens: 2 hartgekochte Eier, 100 g Apfel, Kaffee oder Tee mit Süßstoff, ohne Milch.
Vormittags: 150 g Magerjoghurt.
Mittags: 2 hartgekochte Eier, 1 Apfelsine, Mineralwasser.
Nachmittags: 100 g Magerquark, 1 große Salzgurke, Mineralwasser.
Abends: 1 Portion Tomatensuppe (Leichtmahlzeit) nach Anweisung zubereiten, dazu 1 hartgekochtes Ei in Scheiben.
Abendsnack: 1 Ballaststoff-Riegel, Mineralwasser.

2. Tag, Sonntag (913 kcal/3822 kJ):
Morgens: 200 g Magerquark, 10 g Cornflakes, Kaffee oder Tee mit Süßstoff, ohne Milch, Mineralwasser.
Vormittags: 150 g Magerjoghurt.
Mittags: 2 hartgekochte Eier, 100 g Kalbsleber in beschichteter Pfanne fettfrei gebraten oder gegrillt, Mineralwasser.
Nachmittags: 1 Ballaststoff-Riegel, Kaffee oder Tee mit Süßstoff, ohne Milch.
Abends: Sauerkrautsalat: 500 g Sauerkraut zupfen, kleinschneiden, mit 1 geriebenen Apfel vermischen und mit Salz, Pfeffer und 1 Eßlöffel Obstessig abschmecken.
Abendsnack: 2 Salzgurken oder 300 g Salatgurke.

3. Tag, Montag (928 kcal/3885 kJ):
Morgens: 2 hartgekochte Eier, 100 g Apfel, Kaffee oder Tee mit Süßstoff, ohne Milch, Mineralwasser.

Vormittags: 150 g Magerjoghurt.
Mittags: Tatar: 100 g mageres Hackfleisch aus der Oberschale (Rind), salzen und pfeffern, dazu 100 g Pellkartoffeln.
Nachmittags: $^1/_8$ Liter eiweißangereicherte Milch mit 1 Ballaststoff-Riegel.
Abends: 1 Portion Forsana Trinkmahlzeit, dazu 1 Apfel.
Abendsnack: 2 Vollkornkekse, Mineralwasser.

4. Tag, Dienstag (946 kcal/3960 kJ):
Morgens: 200 g Magerquark, 10 g Cornflakes, Kaffee oder Tee mit Süßstoff, ohne Milch, Mineralwasser.
Vormittags: 150 g Magerjoghurt.
Mittags: 1 Portion Tomatensuppe (Leichtmahlzeit) nach Anweisung zubereiten, dazu 2 hartgekochte Eier in Scheiben.
Nachmittags: 1 Ballaststoff-Riegel, Kaffee oder Tee mit Süßstoff, ohne Milch, Mineralwasser.
Abends: Artischockensalat: 1 kleinen Kopfsalat zerpflücken, 250 g Artischockenherzen darauf zerteilen und 3 geviertelte Tomaten dazugeben. Mit Marinade aus 1 Eßlöffel Keimöl, 3 Eßlöffeln Apfelessig, Salz, Pfeffer und einer Prise Zucker übergießen. Mit Petersilie bestreuen. Eine Stunde ziehen lassen.
Abendsnack: 2 Vollkornkekse, Mineralwasser.

5. Tag, Mittwoch (907 kcal/3797 kJ):
Morgens: 200 g Putenfleisch in Champignonaspik, 1 Scheibe Knäckebrot, Kaffee oder Tee mit Süßstoff, ohne Milch, Mineralwasser.
Vormittags: 150 g Magerjoghurt.
Mittags: 1 Portion Kartoffelsuppe (Leichtmahlzeit) nach Anweisung zubereiten, dazu 1 hartgekochtes Ei in Scheiben.
Nachmittags: 200 g Magerquark und 100 g Erdbeeren (oder 100 g Himbeeren oder 100 g Mandarinen).
Abends: 1 Portion Forsana Trinkmahlzeit.
Abendsnack: 1 Ballaststoff-Riegel, Mineralwasser.

6. Tag, Donnerstag (918 kcal/3843 kJ):
Morgens: 2 hartgekochte Eier, 100 g Grapefruit, Kaffee oder Tee mit Süßstoff, ohne Milch, Mineralwasser.
Vormittags: 150 g Magerjoghurt.
Mittags: 1 Portion Spargelsuppe (Leichtmahlzeit) nach Anweisung zubereiten, dazu 75 g deutsches Corned beef.
Nachmittags: 2 Vollkornkekse, Kaffee oder Tee mit Süßstoff, ohne Milch.
Abends: große Salatschüssel: 1/2 Eisbergsalat in kleine Stücke reißen, 1 Paprikaschote und 1 Zwiebel in ganz feine Ringe schneiden, 1 Möhre raffeln und 1 Staudensellerie in Stückchen schneiden. Alles mischen. Salz, 2 Tropfen Tabasco und eine Prise Zucker mit 3 Eßlöffeln Obstessig und 1 Eßlöffel Weizenkeimöl zur Marinade rühren, über den Salat gießen und 30 Minuten ziehen lassen.
Abendsnack: 100 g Magerquark mit Kräutern, Mineralwasser.

7. Tag, Freitag (985 kcal/4123 kJ):
Morgens: 200 g Magerquark, 10 g Cornflakes, Kaffee oder Tee mit Süßstoff, ohne Milch, Mineralwasser.
Vormittags: 2 hartgekochte Eier, 1 Scheibe Knäckebrot, Mineralwasser.
Mittags: 1 Portion Forsana Trinkmahlzeit, dazu 1 Apfelsine.
Nachmittags: 150 g Magerjoghurt.
Abends: 1 Portion Gulaschsuppe (Leichtmahlzeit) nach Anweisung zubereiten, dazu Eisbergsalat: 1/2 Eisbergsalat mit 75 g Magerjoghurt, 1 Eßlöffel Öl, 2 Eßlöffeln Obstessig, Salz, Pfeffer und Rosenpaprika zubereiten.
Abendsnack: 1 Ballaststoff-Riegel, Mineralwasser.

Bei dieser Kur muß darauf geachtet werden, daß der Körper reichlich mit Flüssigkeit versorgt wird. Am besten eignet sich Mineralwasser, aber auch andere, kalorien-/joulefreie Getränke können auf den Speiseplan gesetzt werden.

Gayelord-Hauser-Kur

Gayelord Hauser, Leibarzt zahlreicher Hollywood-Stars, eroberte sich nach dem Zweiten Weltkrieg in den USA eine große Anhängerschaft, indem er seinen Bestseller »Bleibe jung, lebe länger« herausbrachte. Darin entwickelte er unter anderem einen zehntägigen Diätplan, der außer Fleisch reichlich Milch, Obst und Salate enthält. Diese bereits äußerst gesunde Kostzusammenstellung wird aber noch durch zusätzliche Gaben von Lebertran- oder Weizenkeimölkapseln, Vitaminpräparaten und Mineralsalztabletten wirkungsvoll unterstützt. Bei dieser Kur, die ein breites Spektrum an erlaubten Nahrungsmitteln beinhaltet – nur Zucker ist konsequent vom Speisezettel zu streichen –, kann während des zehntägigen Zeitraumes eine Gewichtsabnahme von vier Kilogramm erreicht werden. Da die Diät in keiner Weise gesundheitsschädlich ist, kann sie in Abständen von sechs bis acht Wochen bedenkenlos wiederholt werden, und zwar so lange, bis das Idealgewicht erreicht ist.
Während die Kur durchgeführt wird, sollte man auf Alkohol jeglicher Art verzichten. Mineralwasser, kohlenhydratfreie Getränke, Kaffee und Tee (mit Süßstoff zubereitet) können je nach Belieben getrunken werden.
Und nun zur Diät selbst:

1. Tag:
Morgens: 1 Lebertran- oder Weizenkeimöl-Kapsel, 1 Vitamin-C- oder Multivitamin-Präparat, 1 Mineralsalztablette (Empfehlung durch Hausarzt oder Apotheker), 1 Eßlöffel Bierhefe, in Wasser angerührt. Es darf auf keinen Fall auf die tägliche Einnahme der angeführten Präparate verzichtet werden!
Außerdem stehen auf dem Speiseplan: 1 weichgekochtes Ei, 1 Glas Milch oder Milchkaffee, 1 Scheibe Vollkornbrot, 1 Apfelsine (oder $^1/_2$ Grapefruit oder 1 Glas Apfelsinen-, Grapefruit- oder Tomatensaft).

Vormittags: 1 Glas frischgepreßter Gemüsesaft, 1 Becher Magerjoghurt.
Mittags: 200 g gegrilltes Hähnchenfleisch, 1 großer Kopfsalat (ohne Öl, aber mit reichlich Kräutern zubereitet), 1 Becher Magerjoghurt.
Nachmittags: 1 Glas frischgepreßter Gemüsesaft, mit 1 Eßlöffel Bierhefe angerührt.
Abends: 200 g gegrilltes Filetsteak, Gemüse (nach Geschmack gewürzt, aber ohne Fett zubereitet).
Spätabends: 1 Glas warme oder kalte Milch, mit 1 Eßlöffel Bierhefe angerührt.

2. Tag:
Morgens: Siehe Rezeptvorschlag für den ersten Tag!
Vormittags: 1 Glas frischgepreßter Gemüsesaft, 1 Becher Magerjoghurt.
Mittags: 2 Rühreier, 1 Glas Tomatensaft, 1 Scheibe Toast, Milchkaffee.
Nachmittags: 1 Glas frischgepreßter Gemüsesaft, mit 1 Eßlöffel Bierhefe angerührt.
Abends: 200 g gekochter Fisch, 3 gegrillte Tomaten, 100 g magerer Kräuterquark, Milchkaffee.
Spätabends: 1 Glas warme oder kalte Milch, mit 1 Eßlöffel Bierhefe angerührt.

3. Tag:
Morgens: Siehe Rezeptvorschlag für den ersten Tag!
Vormittags: 1 Glas frischgepreßter Gemüsesaft, 1 Becher Magerjoghurt.
Mittags: 1 Scheibe mageres, gegrilltes Fleisch, 1 Kartoffel, Kopfsalat (mit reichlich Joghurt und Kräutern, aber ohne Öl zubereitet).
Nachmittags: 1 Glas frischgepreßter Gemüsesaft. 1 Becher Magerjoghurt.
Abends: 2 pochierte Eier auf 200 g Blattspinat (ohne Fett

zubereitet, nach Geschmack gewürzt), 1 Bratapfel, Tee mit Zitrone.
Spätabends: 1 Glas warme oder kalte Milch, mit 1 Eßlöffel Bierhefe angerührt.

4. Tag:
Morgens: Siehe Rezeptvorschlag für den ersten Tag!
Vormittags: 1 Glas frischgepreßter Gemüsesaft, 1 Magerjoghurt.
Mittags: 1/2 gegrilltes Huhn, Tomaten-Gurkensalat (nach Geschmack gewürzt, jedoch ohne Öl zubereitet), 1 Scheibe Toast, Tee mit Zitrone.
Nachmittags: 1 Glas frischgepreßter Gemüsesaft, mit 1 Eßlöffel Bierhefe angerührt.
Abends: 100 g frische Krabben (mit Worcestersauce oder Zitronensaft abgeschmeckt), 100 g gegrillte Leber, Gemüse (nach Belieben abgeschmeckt, aber auf jeden Fall ohne Fett zubereitet).
Spätabends: 1 Glas warme oder kalte Milch, mit 1 Eßlöffel Bierhefe angerührt.

5. Tag:
Morgens: Siehe Rezeptvorschlag für den ersten Tag!
Vormittags: 1 Glas frischgepreßter Gemüsesaft, 1 Magerjoghurt.
Mittags: Omelette aus 2 Eiern (in beschichteter Pfanne möglichst ohne Fett zubereitet), 1 grüne Paprikaschote (in Streifen geschnitten und nach Geschmack gewürzt), 1 Becher Magermilch.
Nachmittags: 1 Glas frischgepreßter Gemüsesaft, mit 1 Eßlöffel Bierhefe angerührt.
Abends: 1 Tasse klare Brühe, 1 Tomate oder Paprikaschote, mit Tatar gefüllt und gegrillt, 1 Bratapfel, Tee mit Zitrone.
Spätabends: 1 Glas warme oder kalte Milch, mit 1 Eßlöffel Bierhefe angerührt.

6. Tag:
Morgens: Siehe Rezeptvorschlag für den ersten Tag!
Vormittags: 1 Glas frischgepreßter Gemüsesaft, 1 Magerjoghurt.
Mittags: 125 g Magerquark mit etwas geriebener Zwiebel und viel frischen Kräutern verrührt und nach Geschmack gewürzt, 2 rohe Möhren, 1 Scheibe Toast, 1 Glas Magermilch.
Nachmittags: 1 Glas frischgepreßter Gemüsesaft, mit 1 Eßlöffel Bierhefe angerührt.
Abends: 125 g Frankfurter Würstchen, Tomaten-Gurkensalat (mit gehackter Zwiebel und frischen Kräutern abgeschmeckt, jedoch ohne Öl zubereitet), 1 Scheibe Toast.
Spätabends: 1 Glas warme oder kalte Milch, mit 1 Eßlöffel Bierhefe angerührt.

7. Tag:
Morgens: Siehe Rezeptvorschlag für den ersten Tag!
Vormittags: 1 Glas frischgepreßter Gemüsesaft, 1 Magerjoghurt.
Mittags: Geflügelsalat und Kopfsalat (beides ohne Öl, jedoch nach Belieben gewürzt), 1 Scheibe Toast, 1 Apfelsine, 1 Glas Milchkaffee.
Nachmittags: 1 Glas frischgepreßter Gemüsesaft, mit 1 Eßlöffel Bierhefe angerührt.
Abends: 1 Tasse klare Brühe, 1 Scheibe gekochtes Fleisch (ohne Fett), Tomatensalat (mit gehackter Paprikaschote und reichlich Kräutern abgeschmeckt, aber ohne Öl zubereitet), 100 g Magerquark mit frischem, zerkleinertem Obst (nach eigener Wahl) vermischt.
Spätabends: 1 Glas warme oder kalte Milch, mit 1 Eßlöffel Bierhefe angerührt.

8. Tag:
Morgens: Siehe Rezeptvorschlag für den ersten Tag!
Vormittags: 1 Glas Gemüsesaft, 1 Magerjoghurt.

Mittags: 2 hartgekochte Eier, gemischter Salat (ohne Öl), 1 Tasse Milchkaffee.
Nachmittags: 1 Glas frischgepreßter Gemüsesaft, mit 1 Eßlöffel Bierhefe angerührt.
Abends: 200 g gegrilltes Filetsteak, Endivien- oder anderer grüner Blattsalat (nach Geschmack gewürzt, aber ohne Öl zubereitet), 1 Becher Magerjoghurt, 1 Glas frischgepreßter Obstsaft (eventuell mit Süßstoff).
Spätabends: 1 Glas warme oder kalte Milch, mit 1 Eßlöffel Bierhefe angerührt.

9. Tag:
Morgens: Siehe Rezeptvorschlag für den ersten Tag!
Vormittags: 1 Glas frischgepreßter Gemüsesaft, 1 Magerjoghurt.
Mittags: 150 g gegrillte Leber, 1 geschmorter Apfel, je zwei Tomaten und Zwiebeln (gedämpft und in Scheiben geschnitten), schwarzer Kaffee.
Nachmittags: 1 Glas frischgepreßter Gemüsesaft, mit 1 Eßlöffel Bierhefe angerührt.
Abends: 125 g Tatar, pikant zubereitet, 1 Scheibe Toast.
Spätabends: 1 Glas warme oder kalte Milch, mit 1 Eßlöffel Bierhefe angerührt.

10. Tag:
Morgens: Siehe Rezeptvorschlag für den ersten Tag!
Vormittags: 1 Glas frischgepreßter Gemüsesaft, 1 Magerjoghurt.
Mittags: 150 g Tatarsteak (in beschichteter Pfanne ohne Fett gebraten), 1 Scheibe Toast, 1 Tasse Obstsalat (ohne Zucker zubereitet, eventuell mit Süßstoff abgeschmeckt), Tee mit Zitrone.
Nachmittags: 1 Glas frischgepreßter Gemüsesaft, mit 1 Eßlöffel Bierhefe angerührt.
Abends: 1 Tasse klare Brühe, 200 g gegrillter magerer Fisch,

200 g gemischtes Gemüse (nach Geschmack gewürzt, jedoch ohne Fett zubereitet), Tee mit Zitrone.
Spätabends: 1 Glas warme oder kalte Milch, mit 1 Eßlöffel Bierhefe angerührt.

Schroth-Kur

Vor ungefähr hundert Jahren entwickelte der Schlesier Johann Schroth eine alkoholhaltige Schlankheitskur – und gewann damit eine riesige Anhängerschar von trinklustigen Dicken.
Schroth kam zu der Ansicht, daß bei einer Wechselfolge Dursttag – Trinktag der Wasserhaushalt im menschlichen Organismus angeregt und – unterstützt durch eine sehr einseitige, kalorien-/joulearme Nahrungsaufnahme – dadurch eine Gewichtsreduktion sowie eine tiefwirkende Entschlakkung und Entgiftung des Körpers ausgelöst werde.
Nach dem letzten Kriegsende wurden solche Kuren, die sechs Wochen dauern, zunächst im Schroth-Sanatorium in Oberstaufen/Allgäu durchgeführt. Sie müssen auch heute noch auf jeden Fall unter ärztlicher Aufsicht gemacht werden.
Wer gesund ist und sich einen mehrwöchigen Sanatoriumsaufenthalt materiell und zeitmäßig jedoch nicht leisten kann oder will, darf trotzdem einmal monatlich an vier aufeinanderfolgenden Tagen, zum Beispiel an einem verlängerten Wochenende, diese Kur zu Hause einschalten. Dabei kann eine Gewichtsabnahme von zirka einem Kilogramm erzielt werden.
Und so wird die Schroth-Kur durchgeführt:

1. Tag (Brottag):
An diesem »Dursttag« ist Trinken streng verboten, auch nicht der kleinste Schluck darf genehmigt werden. Dafür können trockene Brötchen oder Vollkornbrot je nach Appetit in

beliebiger Menge gegessen werden. Dabei ist besonders auf gutes Kauen und Einspeicheln der Speise zu achten. Auf diese Weise wird nämlich ein eventuell aufkommendes Durstgefühl erfolgreich unterdrückt. Der Nahrungsgehalt beträgt an einem solchen Tag ungefähr zwischen 500 bis 600 kcal/2093 bis 2512 kJ.

2. Tag (Weintag):
Jetzt kommt der vergnügliche Teil der Schroth-Kur. An diesem »Trinktag« darf im Rahmen von zirka 1200 kcal/5023 kJ bis zu $1^1/_2$ Liter herber Weiß- oder Rotwein genossen werden. Dessert- und Süßweine eignen sich wegen ihres hohen Zuckergehaltes für diese Kur nicht und sind daher verboten. Gegessen wird an diesem Tag nichts, auch nicht der kleinste Bissen.

3. Tag (Brottag):
Wieder wird ein Dursttag eingeschaltet, der wie der 1. Tag verläuft: Es darf nur trockenes Brot gekaut werden.

4. Tag (Weintag):
Der letzte Trinktag der Kur wird wie der 2. Tag durchgeführt: man darf sich ganz dem Wein hingeben, aber sonst keine Nahrung zu sich nehmen.

Abschließend ist noch darauf hinzuweisen, daß gerade die Weintage zu einer herrlichen Beschwingtheit führen, die diese Schlankheitsdiät bei so vielen beliebt macht. Andererseits bringen sie aber auch die nötige Bettschwere mit sich, die es ratsam erscheinen läßt, ein kleines Mittagsschläfchen einzulegen und auch am Abend möglichst früh ins Bett zu gehen.

Waerland-Kur

Von Are Waerland, dem bekannten skandinavischen Diätetiker, stammen unter anderem die beiden folgenden Diätvorschläge für eine Entschlackungskur, die sich über drei Tage erstreckt und bei der ein Gewichtsverlust von eineinhalb Kilogramm erreicht wird. Bei größeren Wasseransammlungen im Körpergewebe kann sogar mit einer Abnahme von zweieinhalb Kilogramm gerechnet werden. Diese hervorragend entwässernde und pfundeschmelzende Diät ist allerdings einigermaßen anstrengend und sollte daher nur von Gesunden und auch nicht öfter als einmal pro Monat durchgeführt werden. Am besten sucht man sich dafür ein entspannendes, ausgedehntes Wochendende oder einen Kurzurlaub aus.
Nun zu Waerlands karger, aber sehr wirkungsvoller und erfolgversprechender Kur: Vorweg sei noch bemerkt, daß von den beiden nachstehenden Vorschlägen entweder einer davon ausgewählt und während der drei Tage angewendet wird oder auch beide, täglich abwechselnd, versucht werden können.
Und nun zur Diät:

1. Vorschlag:
In einem Liter Wasser werden 300 g ungeschälte, in Stücke geschnittene Kartoffeln weichgekocht. Das Kartoffelwasser wird dann in einem Gefäß aufgefangen und mit frisch gepreßtem rohem Gemüsesaft und 1 Eßlöffel Leinsamen vermengt. Das Ganze wird in kleinen Portionen über den Tag verteilt verzehrt.

2. Vorschlag:
In einem Liter Wasser 500 g gründlich gewaschene ungeschälte und in kleine Stücke geschnittene Selleriestangen weichkochen lassen. Das Selleriewasser auffangen, abseihen

und mit 1 Tasse Gemüsesaft vermischen. Alles in kleinen Portionen über den Tag verteilt zu sich nehmen.

Außerdem wird während dieser drei Tage jeweils morgens und abends ein mildes Klistier mit Zitronenwasser empfohlen. Wer vor einem Klistier zurückscheut, der kann es auch mit Glaubersalz versuchen: Dazu werden an den drei Kurtagen jeweils am Morgen 30 bis 40 Gramm Glaubersalz in einem dreiviertel Liter warmem Wasser aufgelöst und das Ganze innerhalb einer Viertelstunde schluckweise getrunken. Hier ist es jedoch ratsam, sich tagsüber möglichst in der Wohnung beziehungsweise in der Nähe einer Toilette aufzuhalten, da man diese aufgrund der »durchschlagenden« Wirkung des Glaubersalzes häufig wird benützen müssen.

1500-Kilokalorien-/6279-Kilojoule-Diät oder: Diät zur Erhaltung der schlanken Linie

Für diejenigen, die bereits mit Erfolg ihre überzähligen Pfunde zum Schmelzen gebracht und ihr angestrebtes Gewicht erreicht haben beziehungsweise für alle jene, die ein langsames, aber stetiges Abnehmen einem schnellen Gewichtsverlust vorziehen, sollen die beiden folgenden Diätvorschläge dienen. Man betrachte sie also insofern in erster Linie als Richtschnur für eine künftige Ernährungsweise. Selbstverständlich kann von den angeführten Gerichten ein jedes durch eine andere, nährwertähnliche Mahlzeit ersetzt und dadurch – dem individuellen Geschmack entsprechend – ein abwechslungsreicher Speiseplan zusammengestellt werden. Bei dieser gesunden und schmackhaften Mischkost dürfte es niemandem schwerfallen, seine zurückeroberte schlanke Figur erfolgreich zu verteidigen und – was besonders wichtig ist – auch zu erhalten. Wer dabei besonders den »süßen Verführungen« standhaft aus dem Wege geht, kann sogar noch zusätzlich täglich 40 Gramm an Gewicht verlieren. Bei leichter körperlicher Betätigung und viel Bewegung erhöht sich der Gewichtsverlust mitunter auch auf 100 Gramm pro Tag. Man lächle nicht über die 40 Gramm! Denn dies bedeutet doch immerhin, daß man innerhalb eines Jahres um ungefähr fünfzehn Kilogramm leichter ist – und dies fällt wahrlich augenfällig ins Gewicht!

1. Vorschlag (insgesamt 1480 kcal/6195 kJ):

Frühstück (412 kcal/1725 kJ):
1 kleines Glas Tomatensaft, 2 verlorene Eier, 100 bis 120 g Schinken, gekocht, ohne Fettrand, 1 Scheibe Vollweizentoast, 1 Stückchen Butter ($^1/_2$ cm^3), schwarzer Kaffee oder Tee, eventuell mit Süßstoff.
Mittagessen (470 kcal/1967 kJ):
$^1/_2$ Grapefruit, $^1/_2$ grillierte Hühnerbrust (nur mageres Fleisch), 2 Stangen Sellerie, $^1/_2$ Tasse Wachsbohnen, $^1/_2$ Tasse Möhren (alles gekocht); Fruchtgelatine-Dessert mit $^1/_4$ Glas Vollmilch, 1 Glas Buttermilch, schwarzer Kaffee oder Tee, eventuell mit Süßstoff.
Abendessen (598 kcal/2503 kJ):
1 Tasse klare Brühe, 100 bis 120 g Filetbeefsteak, grilliert, $^1/_2$ Tasse Pilze, $^1/_2$ Tasse Spinat, $^1/_2$ Tasse weiße Rüben (alles gekocht); 1 Scheibe Vollkornbrot, 1 Stückchen Butter (1 cm^3); Gemischter Salat: 2 Blätter Kopfsalat, $^1/_2$ Gurke, 1 Tomate, Essig oder Zitronensaft, Gewürze und Kräuter nach Geschmack; 1 Glas Magermilch, 1 frischer Pfirsich, in Scheiben geschnitten, schwarzer Kaffee oder Tee, eventuell mit Süßstoff.

2. Vorschlag (insgesamt 1473 kcal/6166 kJ):

Frühstück (350 kcal/1465 kJ):
6 halbe gekochte Aprikosen, 2 magere Lammkoteletts, mittelgroß, grilliert, 1 Scheibe Vollweizentoast, 1 Stückchen Butter

($^1/_2$ cm^3), schwarzer Kaffee oder Tee, eventuell mit Süßstoff.
Mittagessen (492 kcal/2060 kJ):
Obstsalat: $^1/_2$ Apfel, 1 Scheibe Ananas, $^1/_2$ Apfelsine (alles in Würfeln, mit Süßstoff abgeschmeckt); 100 bis 120 g Roastbeef, mager, $^1/_2$ Tasse Spinat, $^1/_2$ Tasse Tomaten (beides gedünstet); 1 Stückchen Vollfettkäse (zirka 30 g), 2 leichte Biskuits, schwarzer Kaffee oder Tee, eventuell mit Süßstoff.
Abendessen (537 kcal/2248 kJ):
$^1/_2$ Grapefruit, 6 Stangen Spargel, 100 bis 120 g Schinken, gekocht, ohne Fettrand, 2 bis 3 kleine Kartoffeln, gebacken, 1 Scheibe Vollweizentoast, 1 Stückchen Butter (1 cm^3), $^1/_2$ Portion Vanille-Eis, schwarzer Kaffee oder Tee, eventuell mit Süßstoff.
Vor dem Schlafengehen (94 kcal/393 kJ):
1 Glas Magermilch (Man kann dieses Glas Milch aber auch auf die jeweiligen Kaffee- oder Teeportionen tagsüber verteilen.)

Wechsel-Diät

Diese Diät ist vor allem jenen Übergewichtigen zu empfehlen, die vor dem täglichen Kalorien-/Joulezählen zurückschrecken. Der Erfolg dieser Kur ist darauf zurückzuführen – der wöchentliche Gewichtsverlust beträgt ungefähr ein bis eineinhalb Kilogramm – daß hier versucht wird, die Assimilation der zugeführten Nahrungsstoffe ungünstig zu beeinflussen beziehungsweise zu stören. Dies erreicht man dadurch, indem man jeden Tag abwechselnd sehr einseitig nur eine bestimmte Form von Nährstoffen – zum Beispiel an einem Tag nur Gemüse und Salate, am anderen nur Fleisch- und Wurstwaren – dem Körper zuführt. Auf Kohlenhydrate wird bei dieser Kur jedoch weitgehend verzichtet. Außerdem werden Magermilch-Fastentage eingeschaltet, die den Organismus entschlacken und gleichzeitig mit wichtigen Mineral-

stoffen versorgen sollen. Durch den in der Milch enthaltenen Milchzucker wird nebenbei auch noch die Darmflora günstig beeinflußt. Der Gemüsetag wiederum liefert vor allem die für den Darm wichtige Zellulose, die infolge ihrer regulierenden Wirkung auf die Darmfunktion bei Kuren mit speziell hohem Fett- und Eiweißanteil nicht fehlen sollte. Die Zufuhr an lebenswichtigen Vitalstoffen ist allerdings gering und die tägliche Einnahme einer Vitalkapsel oder eines Multivitaminpräparates (man läßt sich am besten vom Apotheker beraten) empfehlenswert.
Die Diät kann von jedem Gesunden sieben Tage hintereinander durchgeführt werden. Bevor man sie wiederholt, ist eine Pause von mindestens drei Wochen ratsam.
Während der Kur braucht die Flüssigkeitszufuhr in Form von Mineralwasser, Kräutertee, schwarzem Kaffee und schwarzem Tee keineswegs eingeschränkt zu werden. Vollmilch, Alkohol, zuckerhaltige Limonaden und Cola-Getränke dürfen allerdings nicht getrunken werden. Außerdem sind Brot und Gebäck, Kartoffeln, Reis, alle Sorten von Teigwaren, Trockengemüse und -obst, mehlige und stark kohlenhydrathaltige Obstarten, jegliche Backwaren, Süßspeisen und Süßigkeiten (wie Zucker, Bonbons, Schokolade, Eis usw.) sowie auch scharfe Gewürze verboten. Aromate, Streuwürzen und frische Kräuter können nach Belieben verwendet werden.
Und nun zur Diät selbst, die in zwei Varianten vorgestellt wird. Der Unterschied liegt darin, daß bei dem einen Vorschlag zwei Fastentage eingeschaltet werden, bei dem anderen nur einer eingeplant ist. Es kann also jeder nach persönlichem Appetit entscheiden.
Zur Zubereitung der Speisen wäre noch zu bemerken, daß Fette (Butter, Margarine oder Öle) nur während der Fett-, Fleisch- und Fischtage erlaubt sind. Bei Salaten und Rohkost dürfen Obstessig oder Zitronensaft und selbstverständlich reichlich Kräuter verwendet werden. Öl ist, wie bereits gesagt, gestrichen. Die Eigerichte (Spiegeleier, Omeletts)

sind ausnahmslos in einer beschichteten Pfanne – ohne jeglichen Fettzusatz – anzurichten.

Variante 1:
1. Tag: Fleischtag: Erlaubt sind Fleisch und Wurst – gekocht, gedünstet, gegrillt oder gebraten.
2. Tag: Gemüsetag: Erlaubt sind Grünblatt-Gemüse und Salate – roh, gedünstet oder auch als frischgepreßter Saft.
3. Tag: Fastentag: Erlaubt ist nur ein Liter Magermilch, über den ganzen Tag in kleinen Portionen verteilt.
4. Tag: Fischtag: Erlaubt ist jede Fischsorte – gekocht, gegrillt oder gebraten.
5. Tag: Eiertag: Erlaubt sind nur Eier – als Spiegelei oder Omelette, im Glas, hart- oder weichgekocht.
6. Tag: Fastentag: Erlaubt ist nur ein Liter Magermilch, über den ganzen Tag in kleinen Portionen verteilt.
7. Tag: Fett-Tag: Erlaubt sind Fische, Fleisch, Käse und Wurst aller Sorten und in jeder erlaubten Zubereitungsart.

Variante 2:
1. Tag: Fleischtag: Erlaubt ist Fleisch – gekocht, gedünstet, gegrillt oder gebraten.
2. Tag: Gemüsetag: Erlaubt sind Grünblatt-Gemüse und Salate – roh, gedünstet oder als frischgepreßter Saft.
3. Tag: Eiertag: Erlaubt sind nur Eier – als Spiegelei oder Omelette, im Glas, hart- oder weichgekocht.
4. Tag: Fastentag: Erlaubt sind ein Liter Magermilch und zusätzlich Magerquark, in kleinen Portionen über den Tag verteilt.
5. Tag: Fischtag: Erlaubt ist jede Fischsorte – gekocht, gegrillt oder gebraten.
6. Tag: Obsttag: Erlaubt sind nur frische Obstsorten, die wenig Zucker enthalten – roh, teilweise als ganze Früchte, teilweise als frischgepreßter Saft.
7. Tag: Fett-Tag: Erlaubt sind Fische, Fleisch, Wurst und Käse aller Sorten und in jeder erlaubten Zubereitungsart.

Walnuß-Müsli-Kur

Wer ein Müsli-Fan ist, sollte sich einmal an diese Kur, bei der man pro Tag zwischen einem viertel bis zu einem halben Kilogramm abnehmen kann, heranwagen. Sie ist schmackhaft und bietet den großen Vorteil, daß man dabei nicht von unangenehmen Hungergefühlen geplagt wird. Dies ist auf die in der Diät enthaltenen Walnüsse zurückzuführen, die einen hervorragenden Sättigungswert besitzen. Außerdem hoben viele, die diese Schlankheitsmethode erfolgreich anwendeten, besonders eine ausgeprägte, mit dem Dahinschmelzen der Pfunde verbundene, sich steigernde körperliche und geistige Leistungsfähigkeit hervor.
Die Walnuß-Müsli-Kur kann von jedem Gesunden durchgeführt werden. Bevor man sich aber zu einer Langzeitdiät entschließt, sollte unbedingt vorher der Hausarzt konsultiert werden. Wer nur ein paar Schlankheitstage einschalten will, kann dies ohne Bedenken tun. Nun zum Diätplan: An Getränken sind nur die im Speisezettel angeführten sowie Mineralwasser erlaubt. Auf Alkoholisches muß während dieser Zeit verzichtet werden.
Morgens: 2 Tassen Tee, eventuell mit Zitrone und Süßstoff, Walnuß-Müsli: 2 Eßlöffel Haferflocken, 1 kleiner geriebener Apfel und 25 g gehackte Walnüsse mit 3 Eßlöffeln Wasser, 1 Eßlöffel Schlagsahne, dem Saft einer halben Zitrone und etwas flüssigem Süßstoff kurz durchmischen.
Vormittags: 1 Apfel oder 1 Apfelsine oder 150 bis 200 g beliebiges frisches Beerenobst.
Mittags: 1 große Portion beliebiger Salat, zum Beispiel aus Wachs- oder grünen Bohnen, Möhren, Sellerie, Rot- oder Weißkohl, roten Rüben usw., der je nach Geschmack mit $^1/_2$ Eßlöffel Öl, Zitrone (oder Apfelessig), frischgemahlenem Pfeffer, Salz und verschiedenen Gewürzen zubereitet wird.
Dazu gibt es 5 Walnußkerne, die auch, grobgehackt, unter den Salat gemischt werden können.

Nachmittags: 1 Glas frischgepreßter Apfelsaft
Abends: Walnuß-Müsli aus 2 Eßlöffeln Haferflocken, 1 kleinen geriebenen Apfel, 25 g gehackten Walnüssen, 3 Eßlöffeln Wasser, 1 Eßlöffel Schlagsahne, dem Saft einer halben Zitrone und etwas flüssigem Süßstoff. 1 bis 2 Tassen Kräutertee, zum Beispiel aus Hagebutten, Malven, Pfefferminze, Fenchel usw., eventuell mit etwas Zitrone und Süßstoff.

Sahne-Diät (1100 kcal/4605 kJ)

Hier ein weiteres Beispiel, daß Kuren trotz einer 1100 Kilokalorien-/4605 Kilojoulebeschränkung ausgezeichnet sättigen können. Diese wurde vom »Rat für ernährungswissenschaftliche Forschung der USA« entwickelt und entspricht weitgehend den ernährungsphysiologischen Anforderungen. Deshalb sind auch im allgemeinen gesundheitliche Störungen infolge eines Mangels an Vitaminen, Mineralstoffen und Spurenelementen auszuschließen. Dennoch ist – für den Fall, daß man diese Diät über einen längeren Zeitraum durchzuführen beabsichtigt – vorher eine Besprechung mit dem Hausarzt sehr empfehlenswert.
Man kann während der Sahne-Kur mit einem wöchentlichen Gewichtsverlust von zwei bis drei Kilogramm rechnen.
Rechnen und Herumtüfteln mit Nährwert- und Kalorien-/Jouletabellen ist bei dieser Diät leider unerläßlich. Wer davor allerdings nicht zurückschreckt, sollte sie einmal ausprobieren, denn sie bietet unter anderem ein relativ reiches Angebot an erlaubten Nahrungsmitteln, und jene, die Sahne und gute Butter besonders lieben, werden dabei bevorzugt.
Der Nährwert der Nahrung setzt sich aus 100 g Kohlenhydraten, 70 g Eiweiß- und 40 g Fettstoffen zusammen. Dieses Verhältnis muß streng berücksichtigt werden, um zu einer erfolgreichen Gewichtsreduktion zu führen.

Auf dem täglichen Speiseplan sind vertreten:
150 g mageres Fleisch, 400 g Salate und grüne Blattgemüse, 300 g Obst, 15 g Butter (keine Margarine!), 3 cl Sahne, 1 Ei, 60 g Vollkorn- oder Knäckebrot, $^1/_2$ Liter Magermilch.
Außerdem dürfen noch Kaffee, Tee und Mineralwasser getrunken werden. Andere Getränke sowie Alkoholika sind verboten.
Schlagsahne, deren Fettgehalt 30 Prozent beträgt, ist einerseits als »Kalorienbombe« bei den meisten Schlankheitsmethoden verpönt, andererseits ist sie aber ein nicht zu übersehender, höchst wertvoller Vitaminspender und liefert sämtliche Vitalstoffe, die auch in der Milch enthalten sind: Kalzium, Phosphor, Eisen, zehnmal mehr Vitamin A als die Milch, Vitamin B_1, B_2, Niacin und Vitamin C. Saure Sahne weist hingegen nur einen Fettgehalt von 10 Prozent auf. Sie wird mittels Milchsäurebakterien hergestellt und übt einen besonders günstigen, gesundheitsfördernden Einfluß auf die Darmflora aus. Wer jetzt den guten Eigenschaften der Sahne noch skeptisch gegenübersteht oder Abwechslung in seinen Diätplan bringen will, kann die anfallenden Kilokalorien/Kilojoule und Nährwerte der Sahne auch gegen eine entsprechende Menge von 50 g Sahnequark oder 3 Bechern Joghurt austauschen.
Absolut vom Speisezettel zu streichen sind: Zucker, sämtliche Schokolade- und Süßwaren, Kuchen, Gebäck aller Art, Weißmehl und -brot, alle Teigwaren, Reis, Kartoffeln, Öl- und Hülsenfrüchte sowie scharfe Gewürze. Das Fleisch ist nur im Grill, im Bratbeutel, in der Alufolie oder in einer beschichteten Pfanne fettlos zuzubereiten. Gemüse kann beliebig als Rohkost – angerichtet wie Salat mit Zitronensaft (oder Apfelessig) und reichlich frischen Kräutern – oder auch gedünstet genossen werden. Obst wird roh, als ganze Frucht oder auch als frischgepreßter Saft verzehrt.

Kurtage für die Sommerhitze

Wenn die Sommerhitze brütet und bleischwer auf den Gliedern lastet, so daß jegliche Tätigkeit zum Kraftakt ausartet – wer hat da noch Lust und Energie, mühsam sein tägliches Kalorien-/Joulequantum auszurechnen oder langwierige Diätrezepte zusammenzustellen? Wer also nicht neidvoll zusehen will, wenn Freunde und Familie sich erfrischenden Leckereien genüßlich hingeben, sondern selbst nach Herzenslust mittun will, ohne selbstverständlich seinen Kalorien-/Jouleplan gefährlich durcheinanderzubringen, der sollte einen oder am besten gleich alle drei Kurtage einmal ausprobieren. Im Folgenden werden drei verschiedene Diäten vorgestellt, die speziell für die sommerlichen Hundstage besonders geeignet sind und bei denen sogar noch das Gewicht bis zu einem halben Kilo täglich reduziert werden kann. Diese Kurtage, die jeweils nicht mehr als 1000 kcal/4186 kJ enthalten, können von jedem durchgeführt werden, doch sollte man nach zwei, höchstens drei Tagen wieder auf andere Kost umschalten.
Zu beachten wäre noch die Flüssigkeitszufuhr: Außer dem morgendlichen Kaffee oder Tee und eventuell noch einem Glas kaltem Kaffee oder Tee im Laufe des Nachmittags soll nichts weiter getrunken werden – auch kein Mineralwasser.

Obst-Kurtag (1000 kcal/4186 kJ)

Morgens: 1 Grapefruit, 2 Scheiben Knäckebrot, schwarzer Kaffee oder Tee, mit Süßstoff zubereitet. Dem Tee kann auch Zitronensaft beigegeben werden.
Vormittags: 500 g Beeren (zum Beispiel Himbeeren oder Erdbeeren oder beides gemischt), 1/4 Liter frischgepreßter Apfelsinensaft, etwas Zitronensaft, Süßstoff.

Zubereitung: Beeren putzen, anschließend pürieren und durch ein Haarsieb streichen. Das entstandene Beerenmark mit Apfelsinensaft vermischen und mit Zitronensaft und Süßstoff abschmecken.
Die eine Hälfte wird sofort getrunken, die andere für den Nachmittag aufgehoben.
Mittags: 500 g frisches Obst, zum Beispiel Äpfel, Apfelsinen, Pfirsiche oder Aprikosen.
Nachmittags: die zweite Hälfte des Vormittagstrunkes, gut gekühlt; es können auch Eiswürfel beigefügt werden. Eventuell 1 Glas kalter Kaffee oder Tee, ohne Milch, nur mit Süßstoff.
Abends: Beerensalat aus 500 g gemischten Beeren.
Zubereitung: Die geputzten Beeren mit dem Saft einer halben Zitrone und flüssigem Süßstoff abschmecken. Anschließend je nach Belieben 2 Eßlöffel Rum oder Cognac oder auch Likör (zum Beispiel Cointreau, Kirschlikör usw.) darübergießen und anschließend im Kühlschrank mindestens eine Viertelstunde ziehen lassen.

Melonen-Kurtag (1000 kcal/4186 kJ)

Zunächst werden für den Tagesbedarf je eine zirka 1 Kilogramm schwere Netz- und Honigmelone sowie eine zirka 750 g schwere Wassermelone eingekauft. Etwa die Hälfte des Gesamtgewichtes sind eßbares Fruchtfleisch.
Morgens: $^1/_2$ Honigmelone, 1 Scheibe Knäckebrot, 3 Eßlöffel Hüttenkäse. Schwarzer Kaffee oder Tee mit Süßstoff.
Vormittags: $^1/_2$ Wassermelone
Mittags: $^1/_2$ Netzmelone, 50 g roher Schinken (zum Beispiel Lachsschinken oder magerer Parmaschinken, ohne Fettrand)
Nachmittags: $^1/_2$ Wassermelone. Eventuell 1 Glas Schwarzer Kaffee oder Tee mit Süßstoff.
Abends: Melonen-Cocktail: $^1/_2$ Honigmelone, $^1/_2$ Netzmelone,

250 g Himbeeren, Saft von 1 Zitrone, flüssiger Süßstoff, 125 g Vanillecreme.
Zubereitung: Aus dem Fruchtfleisch der beiden Melonenhälften mit einem Spezialstecher Kügelchen ausstechen und mit den Himbeeren, dem Zitronensaft und Süßstoff vermengen. Eine Viertelstunde im Kühlschrank ziehen lassen. Anschließend nochmals sorgfältig durchmischen und die Vanillecreme darübergießen.

Buttermilch-Kurtag (1000 kcal/4186 kJ)

Für den Tagesbedarf werden $1\frac{1}{2}$ Liter Buttermilch eingekauft und in sechs Portionen eingeteilt: 1 Portion entspricht 1 Glas von etwa $\frac{1}{4}$ Liter.
Morgens: $\frac{1}{4}$ Liter Buttermilch, 2 Scheiben Knäckebrot. Schwarzer Kaffee oder Tee mit Süßstoff.
Vormittags: 1. Vorschlag:
$\frac{1}{4}$ Liter Buttermilch mit 150 g pürierter Salatgurke, 2 geraspelten Möhren und 1 Eßlöffel Dill vermischen. Nach Belieben mit etwas Pfeffer und einer Prise Selleriesalz abschmecken.
2. Vorschlag:
$\frac{1}{4}$ Liter Buttermilch mit 1 pürierten Banane, dem Saft einer Apfelsine und flüssigem Süßstoff vermischen.
Mittags: 1. Vorschlag:
$\frac{1}{4}$ Liter Buttermilch mt 150 g gehackter Salatgurke, 1 Teelöffel Senf und 1 gepreßten Knoblauchzehe verrühren.
2. Vorschlag:
$\frac{1}{4}$ Liter Buttermilch mit 200 g gemischten, zerkleinerten Beeren und Süßstoff vermengen.
Nachmittags: 1. Vorschlag:
$\frac{1}{4}$ Liter Buttermilch mit Selleriesalz, weißem Pfeffer und reichlich gehackten Kräutern anrichten.

2. Vorschlag:
200 g pürierte Aprikosen mit dem Saft einer halben Zitrone und Süßstoff abschmecken. Das Aprikosenpüree und die ebenfalls mit Süßstoff zubereitete Buttermilch ($^1/_4$ Liter) miteinander vermischen.
Eventuell noch 1 Glas kalter Kaffee oder Tee mit Süßstoff.
Abends: 1. Vorschlag:
$^1/_4$ Liter Buttermilch mit 1 Eßlöffel Tomatenmark, einigen Tropfen Tabasco, 1 Teelöffel Sojasauce und gehacktem Schnittlauch sowie 1 Prise Selleriesalz abschmecken.
2. Vorschlag:
$^1/_4$ Liter Buttermilch mit 2 Eßlöffeln Preiselbeerkompott sämig schlagen.
Vor dem Schlafengehen: $^1/_4$ Liter Buttermilch, pur.

Schalttage

Im folgenden Kapitel wird eine Reihe von Schalttagen vorgestellt, die einmal pro Woche durchgeführt werden können. Sie führen zu einer allgemeinen Umstimmung der Stoffwechsellage und haben neben ihrem gewichtsreduzierenden Effekt auch noch eine gesundheitsfördernde, entschlackende und entwässernde Wirkung. Sie sind insbesondere nach üppigen kulinarischen Festivitäten zu empfehlen, werden aber auch gerne dann eingelegt, wenn plötzlich die Hose spannt oder der Gürtel zwickt. Schon kurze Zeit später sind diese alarmierenden Anzeichen wieder verschwunden, und man selbst fühlt sich wie neugeboren.

Obst-Schalttag

Diese Obstdiät liefert sehr viel Kalium, reichlich Mineralstoffe, pflanzliche Gerüstsubstanzen und Vitamine. Dagegen enthält sie kein Fett, kaum Eiweiß und sehr wenig Natrium. Das frische Obst entwässert ausgezeichnet, regt die Tätigkeit im Darmbereich an und nimmt sämtliche dort befindlichen Rückstände mit. Demnach ist solch ein Obst-Schalttag fast mit einer Verjüngungskur vergleichbar: die Haut blüht sichtlich auf, der Schlaf vertieft sich, und so ganz nebenbei verliert man auch noch ein halbes Kilogramm an Gewicht.
Und so wird's gemacht: Man verwendet pro Tag ungefähr ein bis eineinhalb Kilogramm frische Obstfrüchte, die auf fünf bis sechs kleine Mahlzeiten verteilt werden. Das Obst kann als ganze Frucht, in geriebener oder fein zerkleinerter Form oder auch – und zwar die Hälfte der Tagesmenge – als frischgepreßter Saft verzehrt werden. Außerdem kann noch etwas schwarzer Kaffee oder Tee, beides ohne Milch und nur mit Süßstoff zubereitet, getrunken werden. Am Abend darf – als Krönung des Tages – sogar noch ein kleines Schnäpschen genossen werden.
Hier nun ein Vorschlag, wie beispielsweise der Speiseplan eines Obst-Schalttages aussehen kann:
Morgens: 250 g frisches Obst, 1 Tasse schwarzer Kaffee oder Tee mit Süßstoff.
Vormittags: frischgepreßter Saft aus ungefähr 500 g Obst.
Mittags: 300 g frisches Obst.
Nachmittags: frischgepreßter Saft aus ungefähr 500 g Obst, 1 Tasse schwarzer Kaffee oder Tee, der leicht mit Honig gesüßt werden darf.
Abends: 300 g frisches Obst, 1 Gläschen Obst- oder Getreideschnaps.
Wer seinen Magen vor Übersäuerung schützen will, kann jeweils zum Frühstück und zum Abendessen noch zusätzlich ein Stück Zwieback oder eine Scheibe Knäckebrot knabbern.

Obst-Gemüse-Schalttag

Eine gewisse Alternative zum Obst-Schalttag bringt die Obst-Gemüse-Diät. Sie ist vor allem jenen zu empfehlen, die gerne einmal etwas Pikantes zwischendurch mögen – als Abwechslung zu den größtenteils doch recht süßen Obstfrüchten. Zudem wird die Mineralstoffzufuhr durch den zusätzlichen Gemüsegenuß noch erweitert, und auch eine Übersäuerung des Magens ist leichter zu vermeiden, da Gemüse weit weniger Säure als Obst enthält.
Der Obst-Gemüse-Schalttag entwässert und entschlackt ebenso wie der Obst-Tag, und auch der Gewichtsverlust bewegt sich bei zirka einem halben Kilogramm.

Der Diätplan:
Morgens: Apfel-Möhren-Brei: 2 knackige Äpfel und 3 mittelgroße Möhren reiben und mit etwas Apfelsinensaft zu einem saftigen Brei verrühren. Eventuell mit etwas Zimt und Honig abschmecken.
1 Tasse schwarzer Kaffee oder Tee, mit Süßstoff zubereitet.
Vormittags: 1 Glas frischgepreßter Tomatensaft, je nach Geschmack mit Pfeffer, Oregano usw. gewürzt.
Mittags: Rohkostteller: $^1/_2$ klein zerpflückter Kopfsalat, je 1 Tasse Sauerkraut, geschnittenen Weißkohl und gestiftelten Sellerie mit ein paar Eßlöffeln Joghurt pikant abschmecken. Eventuell mit einem in Scheiben geschnittenen hartgekochten Ei garnieren. Es darf zum Anrichten kein Öl verwendet werden!
Nachtisch: Obstsalat: 1 Apfel, 1 Apfelsine und 1 Banane (man kann anstatt der Banane auch eine Tasse Beeren oder Trauben verwenden) würfeln, mit etwas Zitronensaft und Süßstoff abschmecken und mit 1 Teelöffel gehackten Nüssen bestreuen.
Nachmittags: Gemüse-Cocktail: jeweils $^1/_3$ Glas frischgepreßten Möhren-, Sellerie- und Rettichsaft vermischen und mit

etwas Pfeffer und einigen Spritzern Zitronensaft abschmecken.
1 Tasse schwarzer Kaffee oder Tee, mit Süßstoff zubereitet.
Abends: Roter-Rüben-Salat: 1/2 Becher Joghurt mit etwas feingeriebener Zwiebel und einer Messerspitze Kräutersalz und gemahlenem Kümmel anrühren. 1 dünngeschälte rote Rübe und 1/2 säuerlichen Apfel reiben und beides zusammen mit der Joghurtsoße vermischen. Dazu wird Tomaten-Gurken-Salat, mit reichlich frischen Kräutern und nach Geschmack gewürzt, serviert. Dabei darf kein Öl verwendet werden!
Nachtisch: 1 Apfelsine
Spätabends: 1 großes Glas frischgepreßten Fruchtsaft aus beliebigen Früchten.

Gemüse-Schalttag (800 kcal/3349 kJ)

Hier ein Vorschlag für einen Gemüse-Schalttag, den alle diejenigen einmal versuchen sollten, denen der ausschließliche Verzehr von Obst oder Gemüsen gar zu einseitig ist – denn bei dieser Diät sind auch Quark und etwas Brot erlaubt. Auch für Magenempfindliche ist dieser Kurtag durchaus zu empfehlen.
Der Speiseplan enthält höchstens 800 kcal/3349 kJ, und es kann mit einer Mindestgewichtsabnahme von einem halben Kilogramm gerechnet werden.
Morgens: 40 g magerer Kräuterquark, 50 g Grahambrot, 1 mittelgroße Tomate, 1 Tasse Blütentee (zum Beispiel von Apfelsinen- oder Jasminblüten), eventuell mit Süßstoff zubereitet, jedoch ohne Milch.
Vormittags: 150 g gedünstetes Gemüse, nach Belieben und Jahreszeit. Es wird mit etwas Butter (3 g), reichlich frischen Kräutern und ein wenig Streuwürze oder Salz (sehr sparsam!) abgeschmeckt.

Mittags: bunte Gemüseplatte: 250 g verschiedenartige Gemüsesorten (zum Beispiel Möhren, Blumenkohl, Rosenkohl, grüne Bohnen, Champignons usw.) und 50 g Kartoffeln werden kurz gedämpft, mit ein wenig Streuwürze, jedoch ohne Fett, angerichtet.
Dazu gibt es 1 Glas frischgepreßten Gemüse-Cocktail (zum Beispiel aus Tomaten, Möhren und Sellerie).
Nachmittags: 150 g Apfelsalat: die gewürfelten, möglichst ungeschälten Apfelstücke können mit etwas Zitronensaft, Zimt und flüssigem Süßstoff abgeschmeckt werden.
Abends: warme Gemüseplatte: 200 g Gemüse (Blumenkohl, Tomaten, Kohlrabi) wird mit 3 g Butter zubereitet. Sparsam und salzarm würzen! Dazu gibt es 2 Scheiben Knäckebrot und 1 Tasse Zitronentee.

Saft-Schalttag (300 kcal/1256 kJ)

Ein reiner Saft-Schalttag enthält nicht mehr als insgesamt 300 kcal/1256 kJ, und er liefert neben sehr viel Kalium reichlich Vitamine und Mineralstoffe, hingegen überhaupt keine Fett- und Eiweißstoffe und nur sehr wenig Natrium. Er entwässert und entschlackt vorzüglich, ist aber doch einigermaßen anstrengend. Man sollte sich also für diesen Tag möglichst viel Zeit zur Entspannung gönnen und geistigen sowie körperlichen Anforderungen tunlichst aus dem Wege gehen. Die Gewichtsreduktion ist individuell verschieden – sie hängt mit der jeweiligen angesammelten Wassermenge im Körpergewebe zusammen –, kann aber im allgemeinen mit durchschnittlich einem Kilogramm angenommen werden.
Für diesen Kurtag werden 1 Liter frischgepreßte Obst- und Gemüsesäfte verwendet, die in fünf bis sieben kleine Portionen verteilt werden und schluckweise zu trinken sind. Zum Zweck einer optimalen Entwässerung ist es vorteilhaft, die

Säfte pur, also ohne jeglichen Zusatz von Gewürzen oder Salz, zu genießen.
Wer an Magenüberempfindlichkeit leidet, sollte säuerlich schmeckende Säfte mit etwas Haferschleim binden. Man kann die Obst- und Gemüsesäfte auch mit etwas Sahne oder Haselnußmark anreichern. Dann allerdings steigt der angegebene Kalorien-/Joulewert entsprechend, und außerdem sind auch Fett- und Eiweißstoffe in diesem Schalttag enthalten.

Milch-Schalttag

Solch ein Milchtag eignet sich ganz hervorragend zur Entwässerung und Entschlackung. Er dient der Schönheit und der Gesundheit. Die Milch besitzt in ausgewogener Zusammensetzung sämtliche lebenswichtigen Aufbaustoffe, Vitamine und Mineralien. Das in ihr enthaltene Fett setzt sich größtenteils aus ungesättigten Fettsäuren zusammen. Der Milchzukker wird sofort vom Körper aufgenommen und verarbeitet. Zudem wirkt er sich noch sehr günstig auf die Darmflora aus. Der hohe Kalzium- und Kaliumgehalt sorgt für eine maximale Entwässerung. Das reichlich vorhandene Jod hilft mit, körpereigenes Fettgewebe abzubauen. Auch ist bei einem Milchtag mit störenden Nebenwirkungen, wie zum Beispiel erhöhter Nervosität, nicht zu rechnen, da die in der Milch enthaltene Glutaminsäure Gehirn und Nervensystem vorzüglich versorgt.
Lauter gute Eigenschaften also, die die Milch als Schlankheitsmittel geradezu prädestinieren. Dies soll aber nicht bedeuten, künftig zur täglichen Kost nun noch zusätzlich literweise Milch zu verzehren. Immerhin schlägt ein Liter Vollmilch mit 680 kcal/2846 kJ zu Buche. Wird aber ein Normalkosttag durch einen Milchtag ersetzt, führt dies zu einer Gewichtsabnahme von mindestens einem halben Kilogramm.
Für einen reinen Milch-Schalttag werden ungefähr zwei Liter

Süß- oder Buttermilch benötigt, die in viele Portionen über den Tag verteilt schluckweise getrunken werden. Andere Nahrungsmittel und Getränke sind an diesem Kurtag verboten.

Milch-Saft-Schalttag (1000 kcal/4186 kJ)

Wem ein reiner Milchtag zu langweilig ist, sollte es mit einer kombinierten Milch-Saft-Diät versuchen. Da hier auch Bohnenkaffee erlaubt ist, werden sich Kaffeegenießer besonders gerne zu einem solchen Kurtag entschließen.
Die Gewichtsreduktion ist jener eines Milchtages gleichzusetzen – sie beträgt mindestens ein halbes Kilogramm, in den meisten Fällen kann man aber mit einer noch höheren Abnahme rechnen.
Der Nahrungsgehalt liegt bei ungefähr 1000 kcal/4186 kJ.

Der Diätplan für einen Milch-Saft-Schalttag sieht folgendermaßen aus:
7 Uhr: 20 cl heiße Milch
9 Uhr: 15 cl süße oder saure Milch, 15 cl Bohnenkaffee mit 10 cl Milch, eventuell mit Süßstoff zubereitet.
11 Uhr: 15 cl Buttermilch
13 Uhr: 1/4 Liter Obstsaftmilch (bestehend aus 10 cl Milch und 15 cl frischgepreßtem Obstsaft aus beliebigen Früchten), 200 g Milchgelee
15 Uhr: 15 cl Bohnenkaffee mit 10 cl Milch, eventuell mit Süßstoff zubereitet
17 Uhr: 150 g Joghurt oder 15 cl saure Milch
19 Uhr: 1/4 Gemüsesaftmilch (bestehend aus 10 cl Milch und 15 cl frischgepreßtem Gemüsesaft aus beliebigen Gemüsesorten)

Es ist ratsam, die Milch niemals einfach zu trinken, sondern schluckweise zu sich zu nehmen oder zu löffeln. Auf diese Weise wird das Sättigungsgefühl erhöht, und Druckbeschwerden, die nach hastigem Milchgenuß häufig auftreten, lassen sich dadurch vermeiden.

Milch-Quark-Schalttag

Dieser Schalttag ist eine weitere, sehr angenehm durchzuführende Variante zu den beiden bereits genannten Milch-Diäten, weil er unter anderem auch ausgezeichnet sättigt. Dabei kann man mit einem Gewichtsverlust von ungefähr einem halben Kilogramm rechnen.

Und so wird's gemacht:
Morgens: 50 g Vollkornbrot, 50 g Magerquark, 2 Tassen Milchkaffee, eventuell mit Süßstoff
Vormittags: 1 Glas Buttermilch
Mittags: 1 Portion Milchgemüse (1 Portion Tiefkühlgemüse garen, zum Schluß mit Milch, Kräutern und Gewürzen abschmecken. Möglichst kein Salz verwenden! – Die zu verwendende Milchmenge ist der errechneten Tagesration zu entnehmen: Siehe nachstehende Anleitung zur Berechnung der erlaubten Milch-Tagesration.), 50 g Vollkornbrot, 1 Glas Süßmilch
Nachmittags: 1 Glas Buttermilch
Abends: 3 Scheiben Knäckebrot, 50 g Magerquark, 1 Glas Süßmilch

Anleitung zur präzisen, individuellen Berechnung der erlaubten Milch-Tagesration: Zunächst ermittelt man sein Idealgewicht und berechnet dann für ein Kilogramm Körpergewicht 2,5 cl Milch.

Quark-Schalttag

Einen nicht ganz so rapiden Gewichtsverlust wie bei den Milchkuren erzielt man mit einem Quark-Schalttag – die Abnahme beträgt durchschnittlich 250 g – doch wird ihn jeder Quarkliebhaber mit Vergnügen durchführen. Diese Diät bietet viele abwechslungsreiche Rezepte, sättigt vorzüglich, entwässert hervorragend und ist für Schönheit und Gesundheit gleichermaßen bedeutungsvoll.

Hier ein Vorschlag für den Diätplan:

Morgens: 2 Tassen Milchkaffee, 1 Scheibe Knäckebrot, 250 g Quark, mit 2 Teelöffeln kalorien-/joulearmer Marmelade angerührt.

Vormittags: 250 g Magerquark, mit einem Schuß kohlensäurehaltigem Mineralwasser, etwas feingeriebener Zwiebel, Schnittlauch und Streuwürze sämig angerührt, $^1/_4$ Liter Buttermilch.

Mittags: 1 Tasse klare Brühe, 250 g Magerquark, mit 100 g frischen oder tiefgekühlten, pürierten Erdbeeren (oder Heidelbeeren, Himbeeren, Johannisbeeren) und etwas Mineralwasser (kohlensäurehaltig!) angerührt und mit flüssigem Süßstoff abgeschmeckt; 1 Portion Kopfsalat, mit ein paar Löffeln beliebig gewürztem Joghurt angerichtet; Tee mit Milch oder Zitrone oder Milchkaffee, 1 Apfelsine (oder Apfel, Pfirsich usw.).

Abends: 1 Tasse klare Brühe, 250 g Magerquark, mit gehackten Mixed Pickles und Kapern sämig verrührt; 1 Portion Tomaten-Gurkensalat, beliebig gewürzt, jedoch ohne Öl zubereitet!

Noch einige Quarkgerichte, die sich ausgezeichnet für einen Diättag eignen:

Kräuterquark:

125 g Magerquark, 1 Becher Magerjoghurt, reichlich Dill, Petersilie, Schnittlauch, etwas frischgemahlenen schwarzen

Pfeffer, Knoblauchpulver und Streuwürze sämig anrühren. Mit Tomatenscheiben garnieren.

Quarkstip:
125 g Magerquark, 1 Becher Magerjoghurt, 1 kleine feingeriebene Zwiebel, etwas Meerrettich, Pfeffer, Streuwürze, flüssiger Süßstoff, frische Kräuter und in Streifen geschnittenes mageres Roastbeef vermischen und mit zwei frischgekochten Pellkartoffeln ausstippen.

Gurkenquark:
125 g Magerquark, 1 Becher Magerjoghurt, $^1/_2$ grobgeraspelte oder feinwürfelig geschnittene Salatgurke, schwarzer, frischgemahlener Pfeffer, Streuwürze, etwas Zitronensaft und reichlich Knoblauchpulver verrühren. Dazu gibt es eine dicke Scheibe frisches Weißbrot.

Apfelsinen-Quarkcreme:
250 g Magerquark mit dem Saft einer Apfelsine, 1 Eßlöffel Kaffeesahne und flüssigem Süßstoff schaumig schlagen. Dann das gewürfelte Fruchtfleisch einer Apfelsine unterheben. Mit einigen Früchten (zum Beispiel Himbeeren oder Erdbeeren) verzieren.

Reis-Schalttag

Ein Diättag, der hervorragend entschlackt und entwässert, ist der Reis-Schalttag. Nebenbei entlastet er Herz und Kreislauf vorzüglich.
Eines muß dabei beachtet werden: 100 g Reis enthalten durchschnittlich 371 kcal/1553 kJ. Wird nun der Reis mit Butter und Salz zubereitet, so entwickelt er sich zu einer ausgesprochenen Kalorien-/Joulebombe. Außerdem geht die gute entwässernde Eigenschaft des Reiskorns durch die

Zugabe von Salz verloren, da – wie ja hinreichend bekannt ist – Salz das Wasser im Körper bindet.
Der ausgezeichnete entwässernde Effekt, der mit einer Reiskur erzielt werden kann, kommt also nur dann voll zur Wirkung, wenn der Reis ohne jegliche geschmacksverbessernde Zusätze, wie zum Beispiel Fett und Salz, genossen wird. Er darf nur in reinem Wasser gargequollen werden. Bevor er jedoch im Halse steckenbleibt, kann man ihn mit etwas Zitronensaft oder Curry würzen. Wie gesagt, dies ist aber das einzige Zugeständnis, das gerade noch erlaubt ist.
Wer einen solchen Reistag konsequent durchführt, dessen Durchhaltevermögen wird dann allerdings mit einem ganz besonders erfreulichen Erfolg belohnt: Die Gewichtsabnahme beträgt – je nach Wasseransammlung im Körpergewebe – zwischen einem halben bis zu eineinhalb Kilogramm!
Als Tagesbedarf rechnet man ungefähr 250 g Reis im Rohgewicht (also noch ungekocht). Am geeignetsten für Diätzwecke ist möglichst naturbelassener Reis, der in jedem Reformhaus oder auch in Drogerien erhältlich ist. An Getränken sind Mineralwasser, Kräutertees und Kaffee gestattet. Selbstverständlich alles ohne Milch und nur mit Süßstoff. Fruchtsäfte, Limonaden, Cola-Getränke, Bier und andere Alkoholika sind ausnahmslos verboten.
Es muß noch bemerkt werden, daß solch ein Reistag einigermaßen anstrengend ist. An diesem Tag sollte man keiner kräftezehrenden beruflichen Tätigkeit nachgehen, sondern die Kur auf ein geruhsames Wochenende verlegen, damit unter anderem auch die Gelegenheit zu einem ausgiebigen Mittagsschlaf genutzt werden kann.

Kartoffel-Schalttag (900 kcal/3767 kJ)

Kartoffeln, als Pommes frites, Bratkartoffeln, Chips usw. zubereitet, sind »Dickmacher« par excellence und jeder schlanken Linie abträglich.
Daß man mit Kartoffeln trotzdem nennenswerte Gewichtsreduktionen erzielen kann, beweist der Kartoffel-Schalttag: mit ihm kann eine Abnahme von durchschnittlich einem halben Kilogramm erreicht werden. Zudem entschlackt er ausgezeichnet.
Was benötigt man nun zur Durchführung eines solchen Kurtages? Nichts weiter als eine gute Portion guten Willen und ein Kilogramm Kartoffeln, die, säuberlich gewaschen und gebürstet (nicht geschält!), in reinem Wasser gargekocht werden. Das dabei entstandene Kartoffelwasser wird nicht weggeschüttet, sondern aufgefangen und – da es wahrlich kein Göttertrank ist! – mit etwas frischgepreßtem Fruchtsaft schmackhafter gemacht. Es ist das einzige Getränk, das man während dieses Tages zu sich nimmt. Auch auf Mineralwasser sollte verzichtet werden. Der Nahrungsgehalt von 900 kcal/3767 kJ ist nach Möglichkeit nicht zu überschreiten.
Besonders empfehlenswert ist es, an diesem Diättag keinen anstrengenden Betätigungen nachzugehen, sondern sich in erster Linie zu entspannen. Zudem sollte der Kartoffeltag nicht öfter als zweimal monatlich eingeschaltet werden.

Der Diätplan:
Morgens: 2 Gläser Kartoffelwasser, mit etwas frischgepreßtem Apfelsinensaft vermischt
Vormittags: 250 g Kartoffeln, ohne jede Beilage
Mittags: 1 Glas Kartoffelwasser, mit etwas frischgepreßtem Grapefruitsaft verrührt, 250 g Kartoffeln, ohne jede Beilage
Nachmittags: 250 g Kartoffeln, ohne jede Beilage

Abends: Rest des Kartoffelwassers, mit frischgepreßtem Zitronensaft abgeschmeckt, 250 g Kartoffeln, ohne jede Beilage.

Geflügel-Schalttag (1000 kcal/4186 kJ)

Diesen Schalttag kann man schon getrost als Schlemmertag bezeichnen. Besonders Hühnchen-Liebhaber werden sich mit Freuden zu dieser Diät entschließen: Man darf insgesamt 500 g mageres, gegrilltes Hühnerfleisch, mit Öl zubereitete Salate, Obst und Knäckebrot mit Butter verzehren, ja sogar Mayonnaise ist erlaubt. Selbstverständlich muß alles in Maßen genossen werden, denn der Speisezettel darf 1000 kcal/4186 kJ nicht wesentlich überschreiten.
Der Erfolg dieses Geflügel-Tages, bei dem man sein Gewicht um ungefähr ein halbes Kilogramm reduzieren kann, beruht auf dem hohen Eiweißgehalt der Nahrung: sie setzt sich aus zirka 120 g Eiweiß, 40 g Kohlenhydraten und 30 g Fett zusammen.

Nun zum Speiseplan:
Morgens: 1 Tasse Tee mit Zitrone, eventuell mit Süßstoff; 1 wachsweiches Ei; 1 Scheibe Knäckebrot mit 5 g Butter
Vormittags: 1 gegrillte Hühnerkeule (ohne Haut!), 1 kleine Tomate oder 150 g Salatgurke
Mittags: 1 gegrillte Hühnerkeule (ohne Haut!) oder 200 g gegrillte Hühnerbrust (ohne Haut!); $^1/_2$ kleiner Kopfsalat, mit Zitronensaft (oder Apfelessig), $^1/_2$ Eßlöffel Öl, etwas Petersilie und Streuwürze zubereitet; 1 kleines Glas frischgepreßten Tomatensaft
Nachmittags: $^1/_2$ Grapefruit, eventuell mit flüssigem Süßstoff
Abends: bunter Geflügelsalat: 100 g Hühnerfleischstücke mit $^1/_2$ kleingeschnittenen säuerlichem Apfel, etwas geriebenem

Sellerie, Meerrettich und Mayonnaise vermischen und auf Salatblättern anrichten; 1 Tasse Tee mit Zitrone oder $^1/_8$ Liter frischgepreßter Apfelsinensaft.

Herzlichen Glückwunsch!

Sicherlich haben Sie einige der hier zur Auswahl stehenden Schlankheitskuren mit mehr oder weniger großem Erfolg ausprobiert und dann diejenige gefunden, die alle Ihre individuellen Erwartungen erfüllte. Zur gezeigten Disziplin und zum aufgebrachten Standvermögen darf aufrichtigst gratuliert werden! Das kostbarste Geschenk aber haben Sie sich selbst gemacht: Ein gesunder, widerstandsfähiger Körper und eine schlanke Figur sind die schönste Belohnung für vielleicht hin und wieder ein paar entbehrungsreiche Tage. Sie haben sich selbst deutlich bewiesen: Nur ein bißchen guter Wille ist notwendig, um ein anderer, selbstbewußter, fröhlicher und leistungskräftiger Mensch zu werden.

Jetzt heißt es nur noch: Kopf hoch! Denn für Ihre Zukunft braucht es keine Gewichtsprobleme mehr zu geben. Sollte der Zeiger der Waage trotzdem wieder einmal mehr als gewünscht nach rechts ausschlagen – ein paar Tage »richtige Diät«, und der Gürtel zwickt nicht mehr.

Dritter Teil

Anhang

Kilokalorien-/Kilojoule- und Nährwerttabelle der wichtigsten Nahrungs- und Genußmittel

Die in den nachstehenden Tabellen angegebenen Mengenangaben beziehen sich alle auf den genießbaren Anteil der Lebensmittel: Schalen, Haut, Knochen, Gräten usw. sind also schon abgerechnet.
Der Kohlenhydrat-, Eiweiß- und Fettgehalt ist jeweils auf volle Gramm auf- oder abgerundet.
Die Hinweise in den Klammern dienen nur als zusätzliche Rechenhilfe.
Vitamine und Mineralstoffe, die in den meisten Nahrungsmitteln genügend und vielfältig enthalten sind, werden nur dort angegeben, wo sie besonders reichlich vorkommen.
Es bedeuten: Ca = Calcium, Fe = Eisen, K = Kalium, Na = Natrium, Ph = Phosphor
Wer die Kilokalorien-/Kilojoulewerte der einzelnen Nährstoffe (Kohlenhydrate, Eiweiß- und Fettstoffe) eines Nahrungsmittels errechnen möchte, muß mit folgenden Werten multiplizieren:
Kohlenhydrate mit 4 = Kalorien × 4,186 = Joule
Eiweißstoffe mit 4 = Kalorien × 4,186 = Joule
Fettstoffe mit 9 = Kalorien × 4,186 = Joule

Fleisch und Innereien	Kilokalorien (kcal)	Kilojoule (kj)	Eiweiß (g)	Fett (g)	Kohlenhydrate (g)	Cholesterin (mg)	Vitamine	Mineralstoffe
Hammel, Lamm								
Brust 100 g	404	1691	12	37	–	65	B_1, B_2 Niacin	Na, K, Fe, Ph
Bug/Schulter 100 g	306	1281	16	25	–	65	B_1, B_2 Niacin	Na, K, Fe, Ph
Filetsteak 125 g	313	1310	23	23	–	–	B_1, B_2 Niacin	Na, K, Fe, Ph
Herz 100 g	169	708	17	10	–	140	B_1, B_2 Niacin	Na, K, Fe, Ph
Hirn 100 g	135	565	11	9	–	3150	B_1, B_2 Niacin	Fe, Ph
Keule/Schlegel 100 g	250	1047	18	18	–	65	B_1, B_2 Niacin	Na, K, Fe, Ph
Kotelett 150 g	555	2324	22	48	–	98	B_1, B_2 Niacin	Na, K, Fe, Ph
Kutteln 110 g	144	603	15	8	–	100	C	Fe
Leber 100 g	131	548	21	4	–	250	B_1, B_2 Niacin	Na, K, Fe, Ph
Lende 100 g	207	867	19	13	–	65	B_1, B_2 Niacin	Na, K, Fe, Ph

	Kilokalorien (kcal)	Kilojoule (kj)	Eiweiß (g)	Fett (g)	Kohlenhydrate (g)	Cholesterin (mg)	Vitamine	Mineralstoffe
Niere 100 g	102	427	17	3	–	350	B_1, B_2 Niacin	Na, K, Fe, Ph
Schnitzel 125 g	188	787	34	8	–	81	B_1, B_2 Niacin	Na, K, Fe, Ph

Kalb

	Kilokalorien (kcal)	Kilojoule (kj)	Eiweiß (g)	Fett (g)	Kohlenhydrate (g)	Cholesterin (mg)	Vitamine	Mineralstoffe
Bauch/Flanke 100 g	138	578	21	5	–	90	B_1, B_2 Niacin	Na, K, Fe, Ph
Bries 100 g	108	452	17	3	–	90	–	Na, K, Fe, Ph
Brust 100 g	142	595	19	6	–	90	B_1, B_2 Niacin	Na, K, Fe
Bug/Schulter 100 g	118	494	21	3	–	90	B_1, B_2 Niacin	Na, K, Fe, Ph
Filetsteak 125 g	131	548	26	2	–	90	B_1, B_2 Niacin	Na, K, Ph
Hals 100 g	112	469	20	3	–	90	B_1, B_2 Niacin	Na, K, Fe, Ph
Haxe 100 g	107	448	21	2	–	90	B_1, B_2 Niacin	Na, K, Fe, Ph
Herz 100 g	122	511	16	5	1	140	B_1, B_2 Niacin	Na, K, Fe, Ph
Hirn 100 g	118	494	10	8	1	3150	B_1, B_2 Niacin	Na, K, Fe, Ph
Keule/Schlegel 100 g	106	444	21	2	–	90	B_1, B_2 Niacin	Na, K, Fe, Ph

	Kilokalorien (kcal)	Kilojoule (kj)	Eiweiß (g)	Fett (g)	Kohlenhydrate (g)	Cholesterin (mg)	Vitamine	Mineralstoffe
Kotelett 150 g	183	766	32	5	–	135	B_1, B_2 Niacin	Na, K,, Fe, Ph
Leber 125 g	179	749	24	5	5	313	B_1, B_2 Niacin	Na, K, Fe, Ph
Niere 100 g	138	578	17	7	1	350	A, B_1, B_2, Nc.	Na, K, Fe, Ph
Schnitzel 150 g	183	766	32	5	–	135	B_1, B_2 Niacin	Na, K, Fe, Ph
Zunge 100 g	134	561	17	6	–	140	B_1, B_2 Niacin	Na, K, Fe, Ph

Rind

Blume/Rose 100 g	253	1059	17	19	–	70	B_1, B_2 Niacin	K, Fe, Ph
Brust 100 g	270	1130	16	21	–	70	–	K, Fe, Ph
Filetsteak 125 g	158	662	24	6	–	88	B_1, B_2 Niacin	K, Fe, Ph
Herz 100 g	133	556	17	6	1	90	C	Na, K, Ph
Hochrippe 100 g	297	1243	17	24	–	70	B_1, B_2 Niacin	Na, K, Fe, Ph
Keule/Schlegel 100 g	205	858	20	13	–	70	B_1, B_2 Niacin	K, Fe, Ph

	Kilokalorien (kcal)	Kilojoule (kj)	Eiweiß (g)	Fett (g)	Kohlenhydrate (g)	Cholesterin (mg)	Vitamine	Mineralstoffe
Leber 150 g	212	888	30	5	9	372	B_1, B_2 Niacin, C	Na, K, Fe, Ph
Niere 100 g	122	511	17	5	–	350	B_1, B_2 Niacin	Na, K, Fe, Ph
Ochsenschwanz 100 g	197	825	20	12	–	70	–	Na, K
Querrippe 100 g	288	1206	18	22	–	70	B_1, B_2 Niacin	Na, K, Fe, Ph
Roastbeef 100 g	254	1063	16	19	–	70	B_1, B_2 Niacin	Na, K, Ca, Fe,Ph
Schulter/Bug 100 g	151	632	21	6	–	70	B_1, B_2, A Niacin	Na, K, Fe, Ph
Tatar 125 g	192	804	32	6	–	70	B_1, B_2 Niacin	Na, K, Fe, Ph
Zunge 100 g	223	934	16	16	–	108	B_1, B_2 Niacin	Na, K, Fe, Ph

Schwein

Backe 100 g	663	2776	7	67	–	70	–	K
Bauch 100 g	450	1884	12	42	–	70	–	K
Bauchspeck, frisch 100 g	858	3592	3	89	–	100	–	Na, K, Ph

	Kilokalorien (kcal)	Kilojoule (kj)	Eiweiß (g)	Fett (g)	Kohlenhydrate (g)	Cholesterin (mg)	Vitamine	Mineralstoffe
Bug/Blatt/Schulter/ Vorderschinken 100 g	395	1654	14	35	–	70	B_1, B_2 Niacin	Na, K, Fe, Ph
Eisbein/Haxe 100 g	207	867	12	16	–	70	B_1, B_2 Niacin	Na, K, Ph
Filetsteak 125 g	220	921	23	12	–	88	B_1, B_2 Niacin	Na, K, Fe, Ph
Hackfleisch (gem.) 100 g	316	1323	18	23	–	70	–	K, Fe, Ph
Herz 100 g	122	511	17	5	–	140	B_1, B_2 Niacin	Na, K, Fe, Ph
Hintereisbein/ Hinterhaxe 100 g	447	1871	16	29	–	70	B_1, B_2 Niacin	Na, K, Fe, Ph
Hirn 100 g	132	553	11	9	–	3150	B_1, B_2 Niacin	Na, K, Fe, Ph
Kamm/Halsgrat 100 g	368	1541	15	33	–	70	B_1, B_2 Niacin	Na, K, Fe
Kassler, gesalzen und geräuchert 100 g	328	1373	19	26	–	70	B_1, B_2 Niacin	K, Fe, Ph
Kotelett 150 g	537	2248	23	46	–	105	B_1, B_2 Niacin	Na, K, Fe
Leber 125 g	184	770	25	7	1	313	B_1, B_2 Niacin	Na, K, Fe, Ph
Mett 100 g	362	1516	15	31	–	70	–	–

	Kilokalorien (kcal)	Kilojoule (kj)	Eiweiß (g)	Fett (g)	Kohlenhydrate (g)	Cholesterin (mg)	Vitamine	Mineralstoffe
Niere 100 g	125	523	17	5	1	350	B_1, B_2 Niacin	Na, K, Fe, Ph
Rückenspeck, frisch 100 g	854	3576	2	99	–	100	B_1, B_2 Niacin	Na, K, Fe, Ph
Schinken/Keule/ Schlegel 100 g	362	1516	15	31	–	70	B_1, B_2 Niacin	Na, K, Fe, Ph
Schnitzel 125 g	210	879	26	10	–	88	B_1, B_2 Niacin	Na, K, Fe, Ph
Speck, durchwachsen 100 g	658	2755	9	66	–	100	B_1, B_2 Niacin	Na, K, Fe, Ph
Vordereisbein/ Vorderhaxe 100 g	287	1202	18	22	–	70	B_1, B_2 Niacin	Na, K, Fe, Ph
Zunge 100 g	240	1005	15	18	–	140	C	Na, K, Fe, Ph

Fleischwaren

Blutwurst

Blutwurst 100 g	425	1779	13	39	–	85	A, B_1, B_2 Niacin	Na, K, Fe, Ph

Bratwurst

Kalbsbratwurst 1 St. = 150 g	515	2156	16	47	–	150	–	–

	Kilokalorien (kcal)	Kilojoule (kj)	Eiweiß (g)	Fett (g)	Kohlenhydrate (g)	Cholesterin (mg)	Vitamine	Mineralstoffe
Schweinsbratwurst 1 St. = 150 g	546	2286	20	49	–	150	B_1, B_2 Niacin	Na

Brühwurst

	Kilokalorien (kcal)	Kilojoule (kj)	Eiweiß (g)	Fett (g)	Kohlenhydrate (g)	Cholesterin (mg)	Vitamine	Mineralstoffe
Bierschinken 100 g 1 Sch. = 25 g	250	1047	16	19	–	85	B_1, B_2 Niacin	Na, K, Fe, Ph
Bockwurst 100 g	294	1231	12	25	–	100	–	Na
Dosenwürstchen 100 g	239	1001	13	20	–	100	B_1, B_2 Niacin	Na, Fe, Ph
Fleischwurst 100 g	315	1319	13	27	–	85	B_1, B_2 Niacin	Na, K, Fe, Ph
Frankfurter Würstchen 1 St. = 50 g	128	536	7	10	–	50	B_1, B_2 Niacin	Na, K, Fe, Ph
Jagdwurst 100 g 1 Sch. = 25 g	346	1449	16	29	–	85	B_1, B_2 Niacin	Na, K, Fe, Ph
Lyoner 100 g	329	1377	13	29	–	100	–	Na
Mortadella 100 g 1 Sch. = 25 g	367	1537	12	33	–	85	B_1, B_2 Niacin	Na, K
Münchner Weißwurst 100 g	255	1068	11	22	–	100	B_1, B_2 Niacin, C	Na, K
Regensburger 100 g	354	1482	13	31	–	85	B_1, B_2 Niacin	Na, K, Fe, Ph

	Kilokalorien (kcal)	Kilojoule (kj)	Eiweiß (g)	Fett (g)	Kohlenhydrate (g)	Cholesterin (mg)	Vitamine	Mineralstoffe
Wiener Würstchen 1 St. = 80 g	211	883	12	17	–	80	B_1, B_2 Niacin	Na, K, Fe, Ph

Kochwurst

Leberkäse 100 g	271	1135	13	23	–	85	B_1, B_2	Na, K
Fleischkäse 100 g	368	1541	14	32	1	90	–	Na, K, Fe, Ph
Gelbwurst 100 g	364	1524	12	33	–	125	B_2 Niacin	Na, K
Leberpreßsack 100 g	376	1574	16	32	–	–	–	Na
Leberpastete 100 g	334	1398	14	29	–	85	A, B_1, B_2 Niacin	Na, K, Fe, Ph
Leberwurst 100 g	449	1880	12	41	1	85	A, B_2 Niacin	Na, K, Fe, Ph

Roh-, Dauerwurst

Cervelatwurst 100 g	484	2026	17	43	–	85	B_1, B_2 Niacin	Na, K, Fe, Ph
Knackwurst 100 g	372	1557	12	34	–	85	A	Na, K Ph
Mettwurst 100 g	541	2265	12	52	–	85	B_1, B_2 Niacin	Na, K, Fe, Ph
Plockwurst 100 g	548	2294	17	50	–	85	B_1, B_2 Niacin	Na

	Kilokalorien (kcal)	Kilojoule (kj)	Eiweiß (g)	Fett (g)	Kohlenhydrate (g)	Cholesterin (mg)	Vitamine	Mineralstoffe
Salami, deutsche 100 g	550	2303	18	50	–	85	B_1, B_2 Niacin	Na, K

Schinken

Schinken, gekocht 100 g	282	1181	20	21	–	70	B_1, B_2	Na, K, Fe, Ph
Schinken, gekocht, in Dosen 100 g	191	800	20	11	–	70	B_1, B_2 Niacin	K, Fe, Ph
Schinken, roh, geräuchert 100 g	395	1654	18	33	–	70	B_1, B_2 Niacin	Na, K, Fe, Ph

Fleisch in Dosen

Corned beef, amerikanisch 100 g	225	1068	25	12	–	70	–	Na, K, Fe, Ph
Corned beef, deutsch 100 g	153	641	22	6	–	70	B_1, B_2 Niacin	Na, K
Frühstücksfleisch/ Luncheon Meat 100 g	313	1310	15	25	2	85	B_1, B_2 Niacin	Na, K, Fe, Ph
Rindfleisch 100 g	210	879	19	14	–	70	B_1, B_2 Niacin	Na
Schweinefleisch im eigenen Saft 100 g	373	1562	17	32	–	70	B_1, B_2 Niacin	Na, K
Schweinefleisch/ Schmalzfl. 100 g	535	2240	11	51	–	80	B_1, B_2 Niacin	Na

Geflügel und Wild	Kilokalorien (kcal)	Kilojoule (kj)	Eiweiß (g)	Fett (g)	Kohlenhydrate (g)	Cholesterin (mg)	Vitamine	Mineralstoffe

Geflügel

Ente, ohne Knochen 100 g	243	1017	18	17	–	75	B_1, B_2 Niacin	K, Fe, Ph
Gans, ohne Knochen 100 g	364	1524	16	31	–	75	B_1, B_2 Niacin	Na, K, Fe, Ph
Hähnchen, ohne Knochen 100 g	110	450	15	5	–	75	B_1, B_2	Na, K, Fe, Ph
Huhn, Brathuhn, ohne Knochen 100 g	144	603	21	6	–	75	B_1, B_2	Na, K, Ca, Fe, Ph
Hühnerbrust, ohne Knochen 100 g	109	456	23	1	–	53	B_1, B_2 Niacin	Na, K, Fe, Ph
Hühnerherz 100 g	137	574	17	6	2	140	A, B_1, B_2 Niacin	Na, K, Fe, Ph
Hühnerleber 100 g	147	615	22	5	1	185	A, B_1, B_2 Niacin	Na, K, Fe, Ph
Hühnerschlegel, ohne Knochen 100 g	120	502	21	3	–	60	B_1, B_2 Niacin	Na, K, Fe, Ph
Puter/Truthahn, ohne Knochen 100 g	282	1181	20	20	–	75	B_1, B_2 Niacin	Na, K, Fe, Ph

	Kilokalorien (kcal)	Kilojoule (kj)	Eiweiß (g)	Fett (g)	Kohlenhydrate (g)	Cholesterin (mg)	Vitamine	Mineralstoffe
Suppenhuhn, ohne Knochen 100 g	274	1147	19	20	–	75	A, B_1, B_2 Niacin	Fe, Ph
Truthahn (siehe Puter)								

Wild

Hase 100 g	124	519	22	3	–	110	B_1, B_2 Niacin	Na, K, Fe, Ph
Hirsch 100 g	123	515	21	3	–	110	B_2	Na, K, Ph
Kaninchen 100 g	167	699	21	8	1	110	B_1, B_2	Na, K, Fe, Ph
Rebhuhn, ohne Knochen 100 g	81	339	13	3	–	60	–	K
Reh, Keule 100 g	106	444	21	1	–	110	B_2	Na, K, Fe, Ph
Reh, Rücken 100 g	133	557	22	4	–	110	B_2	Na, K, Fe, Ph
Wildgeflügel, ohne Knochen 100 g	81	339	13	3	–	60	–	Fe
Wildschweinkeule 100 g	98	447	22	2	–	60	–	K

Fisch	Kilokalorien (kcal)	Kilojoule (kj)	Eiweiß (g)	Fett (g)	Kohlenhydrate (g)	Cholesterin (mg)	Vitamine	Mineralstoffe
Salzwasserfische								
Flunder 100 g	79	331	17	1	–	30	A, B_2 Niacin	Na, K, Ph
Heilbutt 100 g	110	460	20	2	–	50	A, B_2 Niacin	Na, K, Ph
Hering, grün 100 g	222	929	18	15	–	85	A, B_2 Niacin	Na, K Fe
Kabeljau/Dorsch 100 g	78	327	17	–	–	30	B_2 Niacin	Na, K, Ph
Lengfisch 100 g	89	373	19	1	–	30	B_2 Niacin	Na, K, Ph
Limande 100 g	85	356	17	1	–	30	B_2 Niacin	Na, K, Ph
Makrele 100 g	193	808	19	12	–	36	B_2 Niacin	Na, K, Ph
Rotbarsch/ Goldbarsch 100 g	114	477	18	4	–	38	B_2 Niacin	Na, K, Ph
Rotzunge 100 g	79	331	16	1	–	60	–	Na, K, Ph
Sardine 100 g	134	561	19	5	–	30	B_2 Niacin	Ph
Schellfisch 100 g	80	335	18	–	–	31	A, B_2 Niacin	Na, K, Ph
Scholle 200 g	166	695	34	2	–	100	B_2 Niacin	Na, K, Ph

	Kilokalorien (kcal)	Kilojoule (kj)	Eiweiß (g)	Fett (g)	Kohlenhydrate (g)	Cholesterin (mg)	Vitamine	Mineralstoffe
Seehecht/ Hechtdorsch 100 g	84	353	17	1	–	60	B_2	Na, K, Ph
Seelachs 100 g	88	353	18	1	–	33	A, B_2 Niacin	Na, K, Ph
Seezunge 110 g	90	377	18	1	–	30	B_2 Niacin	Na, K Ph
Steinbutt 100 g	89	373	17	2	–	30	B_2 Niacin	Na, K, Ph
Thunfisch 100 g	242	1013	22	16	–	40	B_2 Niacin	Na, Ph
Walfleisch 100 g	139	583	24	4	–	70	–	Na, K, Ph

Süßwasserfische

Aal 100 g	299	1252	15	25	–	55	C, B_2 Niacin	Na, K, Ph
Barsch 100 g	89	373	18	1	–	72	C, B_2 Niacin	Na, K, Ph
Forelle 125 g	140	586	25	4	–	55	C, B_2 Niacin	Na, K, Ph
Karpfen 100 g	125	523	18	5	–	55	C, B_2 Niacin	Na, K, Ph
Lachs 100 g	217	909	20	14	–	55	C, B_2 Niacin	Na, K, Ph
Renke/Felchen 100 g	108	452	18	3	–	55	–	Na, K

	Kilokalorien (kcal)	Kilojoule (kj)	Eiweiß (g)	Fett (g)	Kohlenhydrate (g)	Cholesterin (mg)	Vitamine	Mineralstoffe
Schleie 100 g	85	356	18	1	–	55	–	Na, K
Zander 100 g	94	394	19	1	–	55	B_2 Niacin	Na, K, Ph

Schalentiere

Austern 100 g	71	297	9	1	5	150	Niacin	Na, K
Garnelen/Krabben 100 g	96	402	17	1	–	138	C	Na, K, Ph
Hummer 100 g	89	372	19	2	–	150	C	Na, K, Ph
Krebs 100 g	71	297	15	–	–	–	–	Na, K, Ph
Miesmuscheln 100 g	72	301	10	1	4	150	C	Na, K, Ph

Fisch-waren	Kilokalorien (kcal)	Kilojoule (kj)	Eiweiß (g)	Fett (g)	Kohlenhydrate (g)	Cholesterin (mg)	Vitamine	Mineralstoffe
Aal, geräuchert 100 g	351	1469	18	29	1	70	–	Na, K, Ph
Bismarckhering 100 g	255	942	17	16	–	60	A	Na, Ph
Brathering 100 g	468	1959	34	30	8	173	A, B_2 Niacin	Na, K, Ph
Bückling 100 g	232	971	22	14	–	70	A	Na, K, Ph
Heilbutt, geräuchert 100 g	238	996	17	17	–	70	A	Na, K, Ph
Hering in Gelee 100 g	176	737	13	13	–	36	–	Na, K,
Hering in Tomatensoße 100 g	217	909	15	15	2	42	A, B_2, Niacin	Na, K, Ph
Kaviar, deutsch 100 g	135	565	14	7	3	–	–	Na, K
Kaviar, echt 100 g	281	1176	26	16	5	–	–	Na, K, Ph
Krebsfleisch Dose 100 g	95	398	18	2	–	150	Niacin	Na, K, Ph

	Kilokalorien (kcal)	Kilojoule (kj)	Eiweiß (g)	Fett (g)	Kohlenhydrate (g)	Cholesterin (mg)	Vitamine	Mineralstoffe
Lachs Dose 100 g	178	745	21	9	–	–	A, B_2 Niacin	Na, K, Ph
Lachs/Salm in Öl abgetropft 100 g	289	1210	16	23	–	42	–	Na, K
Makrele, geräuchert 200 g	476	1993	41	31	–	44	A	Na, K, Ph
Matjeshering 150 g	428	1792	24	34	–	90	–	Na, Ph
Ölsardinen, abgetropft 100 g	240	1004	24	14	1	70	A	Na, K, Ph
Rotbarsch, geräuchert 100 g	157	657	24	6	–	50	–	Na, K, Ph
Salzhering 100 g	233	976	20	15	–	60	A	Na, K
Schellfisch, geräuchert 100 g	102	427	22	–	–	40	B_2 Niacin	Na, K, Ph
Schillerlocken 100 g	323	1352	21	24	–	40	–	Na, K, Ph
Seelachs, geräuchert 100 g	108	452	23	1	–	38	–	Na, K
Thunfisch in Öl 100 g	242	1013	21	16	–	42	A	Na, K, Ph

Fett, Öl	Kilokalorien (kcal)	Kilojoule (kj)	Eiweiß (g)	Fett (g)	Kohlenhydrate (g)	Cholesterin (mg)	Vitamine	Mineralstoffe
Fett								
Butter 100 g	755	3161	1	82	1	280	A	–
Butter 1 EL = 15 g	113	473	–	12	–	42	A	–
Butter 1 TL = 5 g	38	159	–	4	–	14	A	–
Butter, Halbfett- 100 g	380	1591	–	40	–	140	–	–
Butterschmalz 100 g (1 EL = 20 g)	930	3894	–	100	–	340	A	–
Erdnußfett 100 g	930	3894	–	100	–	–	–	–
Gänseschmalz 100 g	930	3894	–	100	–	75	–	–
Kokosfett 100 g	925	3873	–	100	–	–	–	–
Schweineschmalz 100 g	930	3894	–	100	–	100	–	–
Margarine, Halbfett- 100 g	380	1591	–	40	–	–	A, D, E, je nach Sorte	Na
Margarine, Pfl. 100 g 1 EL = 15 g 1 TL = 5 g	750 113 38	3140 473 159	1 – –	80 12 4	– – –	– – –	A, D, E, je nach Sorte	Na

	Kilokalorien (kcal)	Kilojoule (kj)	Eiweiß (g)	Fett (g)	Kohlenhydrate (g)	Cholesterin (mg)	Vitamine	Mineralstoffe
Öl								
Erdnußöl 100 g	930	3894	–	100	–	–	–	–
Leinöl 100g	930	3894	–	100	–	–	–	–
Maiskeimöl 100 g	930	3894	–	100	–	–	–	–
Olivenöl 100 g	930	3894	–	100	–	–	A	–
Sonnenblumenöl 100 g 1 EL = 10 g	930	3894	–	100	–	–	–	–

Eier, Milch, Sahne

Eier

	Kilokalorien (kcal)	Kilojoule (kj)	Eiweiß (g)	Fett (g)	Kohlenhydrate (g)	Cholesterin (mg)	Vitamine	Mineralstoffe
Ei, Frühstücksei 60 g	90	377	7	6	–	280	A	Na, Fe, Ph
1 Eigelb 20 g	75	314	3	6	–	280	A	Na, Fe, Ph
1 Eiweiß 35 g	19	80	4	–	–	–	–	Na, K
Milch								
Buttermilch 1 Gl. = 20 cl	70	293	7	1	8	–	–	Na, Ca, Ph

	Kilokalorien (kcal)	Kilojoule (kj)	Eiweiß (g)	Fett (g)	Kohlenhydrate (g)	Cholesterin (mg)	Vitamine	Mineralstoffe
Kondensmilch 7,5% Fett 10 cl 1 TL	137 10	574 42	6 –	8 1	10 1	26 2	A –	Na, Ca, Ph
Kondensmilch 10% Fett 10 cl 1 TL	183 13	766 54	9 1	10 1	13 1	34 2	A A	Na, Ca, Ph
Magermilch 1 Gl. = 20 cl	70	293	7	–	10	6	–	Na, Ca, Ph
Magermilchpulver 100 g 1 TL = 5 g	370	1549	35	1	52	–	–	Na, Ca, Ph
Trinkmilch, 3,5% 1 Gl. = 20 cl	132	553	7	7	9	23	A	Na, Ca, Ph
Trinkmilch, eiweiß- angereichert, 1 Gl. = 20 cl	136	569	8	7	10	–	–	Na, Ca, Ph
Vollmilch 1 Gl. = 20 cl	136	569	7	8	9	25	A	Na, Ca, Ph

Sahne

Sahne 10% 10 cl 1 EL = 1,5 cl	127 24	532 100	3 –	11 2	4 1	36 4	A –	– –
Sahne 30% 10 cl 1 EL = 1,5 cl	302 45	1264 188	2 –	30 5	3 –	102 15	A A	– –
Saure Sahne 10 cl	121	507	3	10	4	34	A	–

Käse	Kilokalorien (kcal)	Kilojoule (kj)	Eiweiß (g)	Fett (g)	Kohlenhydrate (g)	Cholesterin (mg)	Vitamine	Mineralstoffe
Käse, 60% Fett i. Tr.								
Camembert 100 g	398	1666	18	34	1	88	A	Na, Ca, Ph
Doppelrahm-frischkäse 100 g	354	1482	15	31	2	105	A	Na, Ca, Ph
Schmelzkäse 1 Ecke = 62,5 g	216	904	8	19	1	64	–	Na, Ca, Ph
Käse, 50% Fett i. Tr.								
Brie-Käse 100 g	368	1541	23	28	3	95	A	Na, Ca, Ph
Butterkäse 100 g	361	1511	21	29	1	99	A	Na, Ca, Ph
Edelpilzkäse 100 g	413	1729	23	33	2	112	A	Na, Ca, Ph
Käse, 45% Fett i. Tr.								
Camembert 100 g	301	1260	19	23	2	88	A	Na, Ca, Ph
Edamer 100 g	386	1616	25	28	4	95	A	Na, Ca, Ph
Emmentaler 100 g	417	1746	27	31	3	105	A	Na, Ca, Ph

	Kilokalorien (kcal)	Kilojoule (kj)	Eiweiß (g)	Fett (g)	Kohlenhydrate (g)	Cholesterin (mg)	Vitamine	Mineralstoffe
Gouda 100 g	401	1697	26	29	5	99	A	Na, Ca, Ph
Romadur 100 g	309	1294	21	23	2	74	A	Na
Schmelzkäse 1 Ecke = 62,5 g	191	800	9	14	4	51	A	Na, Ca, Ph
Tilsiter 100 g	374	1566	26	28	1	95	A	Na, Ca, Ph

Käse, 40% Fett i. Tr.

	Kilokalorien (kcal)	Kilojoule (kj)	Eiweiß (g)	Fett (g)	Kohlenhydrate (g)	Cholesterin (mg)	Vitamine	Mineralstoffe
Edamer 100 g	280	1172	26	24	4	82	A	Na, Ca, Ph
Limburger 100 g	289	1210	22	20	2	68	–	Na, Ca, Ph

Käse, 32% Fett i. Tr.

	Kilokalorien (kcal)	Kilojoule (kj)	Eiweiß (g)	Fett (g)	Kohlenhydrate (g)	Cholesterin (mg)	Vitamine	Mineralstoffe
Parmesankäse 100 g	410	1717	36	26	3	–	A	Na, Ca, Ph

Käse, 30% Fett i. Tr.

	Kilokalorien (kcal)	Kilojoule (kj)	Eiweiß (g)	Fett (g)	Kohlenhydrate (g)	Cholesterin (mg)	Vitamine	Mineralstoffe
Camembert 100 g	225	942	22	13	2	44	A	Na, Ca, Ph
Edamer 100 g	238	996	26	16	4	54	A	Na, Ca, Ph

	Kilokalorien (kcal)	Kilojoule (kj)	Eiweiß (g)	Fett (g)	Kohlenhydrate (g)	Cholesterin (mg)	Vitamine	Mineralstoffe
Romadur 100 g	234	980	24	14	1	44	A	Na
Tilsiter 100 g	297	1244	29	17	3	58	A	Na, Ca, Ph

Käse, 20% Fett i. Tr.

Limburger 100 g	199	833	26	9	1	31	A	Na, Ca, Ph
Romadur 100 g	195	816	21	9	1	31	A	Na, Ca, Ph
Schmelzkäse 100 g	196	821	17	9	9	31	A	Na, Ca, Ph

Käse, unter 10% Fett i. Tr.

Harzer, Korbkäse, Mainzer Käse 100 g	140	586	29	2	–	7	–	Na, Ca

Quark

Hüttenkäse 20% Fett i. Tr. 100 g	110	461	13	5	3	–	–	Na, Ca, Ph
Schichtkäse 20% Fett i. Tr. 100 g	115	481	12	5	4	14	–	Na, Ca
Schichtkäse 10% Fett i. Tr. 100 g	99	414	13	2	5	7	–	Na, Ca, Ph

	Kilokalorien (kcal)	Kilojoule (kj)	Eiweiß (g)	Fett (g)	Kohlenhydrate (g)	Cholesterin (mg)	Vitamine	Mineralstoffe
Speisequark 40% Fett i. Tr. 100 g 2 EL = 50 g	179	749	12	12	3	37	A	Na, Ca, Ph
Speisequark 20% Fett i. Tr. 100 g 2 EL = 50 g	124	519	13	5	6	14	–	Na, Ca, Ph
Speisequark, mager 100 g	88	368	17	1	2	–	–	Na, Ca, Ph
Joghurt								
Joghurt aus Magermilch 1 Becher = 175 g	75	315	9	1	11	–	A	Na, Ca, Ph
Joghurt aus Magermilch mit Früchten (15%) und Zucker 1 Becher = 175 g	117	490	5	–	25	–	A	Na, Ca, Ph
Joghurt aus Sahne 1 Becher = 175 g	320	1341	18	18	23	60	A	Na, Ca, Ph
Joghurt aus Trinkmilch, 3,5% 1 Becher = 175 g	137	573	9	5	11	18	A	Na, Ca, Ph
Joghurt aus Trinkmilch mit Früchten (15%) und Zucker 1 Becher = 175 g	165	691	5	5	25	18	A	Na, Ca, Ph

Gemüse, Salat und Kräuter	Kilokalorien (kcal)	Kilojoule (kj)	Eiweiß (g)	Fett (g)	Kohlenhydrate (g)	Cholesterin (mg)	Vitamine	Mineralstoffe
Artischocken 1 St. = 100 g	61	255	2	–	12	–	A, E, C	K
Artischockenböden 1 St. = 40 g	24	100	1	–	5	–	A, C	K
Auberginen 100 g	25	104	1	–	5	–	A, C	K
Avocado, Mexiko 100 g	241	1009	2	24	3	–	C	K
Bleichsellerie 100 g 1 Stange = 45 g	21 10	88 42	1 1	– –	4 2	– –	A, C A, C	K K
Blumenkohl 100 g	28	117	2	–	4	–	A, C	K
Bohnen, grün 100 g	33	138	2	–	5	–	A, C	K
Bohnen, grün Dose 100 g	23	96	1	–	4	–	A, C	Na, K
Bohnen, weiß 100 g	352	1474	21	2	58	–	A, C	–
Broccoli 100 g	33	138	3	–	4	–	A, C	K, Fe
Brunnenkresse 1 EL = 5 g	2	8	–	–	–	–	A, C	Na, K, Fe
Champignons 100 g	24	100	3	–	3	–	C	K, Fe
Champignons Dose 100 g	25	105	2	1	3	–	C	Na, K

	Kilokalorien (kcal)	Kilojoule (kj)	Eiweiß (g)	Fett (g)	Kohlenhydrate (g)	Cholesterin (mg)	Vitamine	Mineralstoffe
Chicorée 100 g 1 Staude = 200 g	16	67	1	–	2	–	C, A	K
Chinakohl 100 g	16	67	–	–	2	–	A, C	K
Endivien 100 g 1 Kopf = 200 g	17	71	2	–	2	–	A, C	K, Fe
Erbsen, grün 100 g	87	364	7	–	13	–	A, C	Na, K Fe
Erbsen, grün Dose 100 g	79	331	5	–	12	–	A, C	K, Fe
Erbsen, trocken 100 g	370	1549	23	1	61	–	A, C	Na, K Fe
Erbsen und Möhren Dose 100 g	65	272	3	–	12	–	A	Na, K Fe
Feldsalat/Rapunzel 100 g	22	92	2	–	3	–	A, C	Na, K Fe
Fenchel 100 g	50	209	2	–	9	–	A, C	Na, K Fe
Gartenkresse 1 EL = 5 g	2	8	–	–	–	–	A, C	Na, K Fe
Grünkohl/Braun- 100 g	46	193	4	1	5	–	A, C	Na, K Fe
Gurken 100 g	10	42	1	–	1	–	A	Na, K Fe
Karotten (siehe Möhren)								

	Kilokalorien (kcal)	Kilojoule (kj)	Eiweiß (g)	Fett (g)	Kohlenhydrate (g)	Cholesterin (mg)	Vitamine	Mineralstoffe
Knoblauch 100 g 1 Zehe = 5 g	140	586	6	–	28	–	–	Fe
Knollensellerie 100 g	38	159	2	–	7	–	A, C	Na, K Fe
Kohlrabi 100 g	26	109	2	–	4	–	A, C	Na, K Fe, Ph
Kopfsalat 100 g = 1 Kopf	16	67	1	–	2	–	A	K, Fe
Kürbis 100 g	28	117	1	–	5	–	A	Na, K Fe
Lauch/Porree 100 g	38	159	2	–	6	–	–	Na, K
Linsen, trocken 100 g	354	1482	24	1	56	–	A	Na, K
Mais 100 g	107	448	3	1	19	–	–	K
Mangold 100 g	23	96	2	–	3	–	A, C	Na, K, Fe
Meerrettich 100 g	76	318	3	–	15	–	A, C	Na, K, Fe
Meerrettich 1 EL gerieben = 15 g	11	46	–	–	2	–	A, C	Na, K, Fe
Möhren/Karotten 100 g	35	147	1	–	7	–	A, C	K, Fe

	Kilokalorien (kcal)	Kilojoule (kj)	Eiweiß (g)	Fett (g)	Kohlenhydrate (g)	Cholesterin (mg)	Vitamine	Mineralstoffe
Möhren/Karotten Dose 100 g	30	126	1	–	6	–	A	K, Fe
Möhren/Karotten, getrocknet 100 g	328	1373	7	2	68	–	A	K, Fe
Oliven, gefüllte 10 St. = 50 g	58	243	1	6	1	–	A	Fe
Paprikaschoten 100 g 1 kleine Schote	28	117	1	–	5	–	A, C	Na, K
Petersilie 100 g 1 Bd. = 10 g	61	255	4	–	10	–	A, C	K, Fe
Pfifferlinge 100 g	23	96	2	1	3	–	K	–
Pfifferlinge Dose 100 g	34	142	1	1	5	–	–	Na
Radieschen 100 g	19	80	1	–	4	–	A, C	K
Rettich 100 g	20	84	1	–	4	–	A, C	K
Rhabarber 100 g	18	75	1	–	3	–	–	K
Rosenkohl 100 g	52	218	4	1	7	–	A	K
Rote Bete/-Rüben 100 g	37	155	2	–	8	–	A	K, Fe

	Kilokalorien (kcal)	Kilojoule (kj)	Eiweiß (g)	Fett (g)	Kohlenhydrate (g)	Cholesterin (mg)	Vitamine	Mineralstoffe
Rotkohl 100 g	27	113	2	–	5	–	A	K
Sauerkraut 100 g	26	109	2	–	4	–	C	Na, K
Schnittlauch 100 g 1 Bd. = 10 g	55	230	4	1	8	–	A, C	K, Fe
Schwarzwurzeln 100 g	74	310	1	–	16	–	–	K
Spargel 100 g	20	84	2	–	3	–	–	K
Spargel Dose 100 g	19	80	2	–	2	–	–	Na, K
Spinat 100 g	26	109	3	–	3	–	A	K, Fe
Steckrüben/ Kohlrüben 100 g	35	147	1	–	7	–	A	K
Steinpilze 100 g	34	142	3	–	5	–	–	K
Steinpilze, getrocknet 100 g	283	1185	20	–	44	–	–	K
Tomaten 100 g 1 St. = 50 g	19	80	1	–	3	–	A	K
Tomaten Dose 100 g	21	90	1	–	4	–	A	Na, K

	Kilokalorien (kcal)	Kilojoule (kj)	Eiweiß (g)	Fett (g)	Kohlenhydrate (g)	Cholesterin (mg)	Vitamine	Mineralstoffe
Weißkohl 100 g	24	100	1	–	4	–	A, C	K, Fe
Wirsing 100 g	33	138	3	–	4	–	A	K
Zucchini 100 g	28	117	2	–	2	–	A	Ca, Fe Ph
Zwiebeln 100 g 1 St. = 50 g	45	188	1	–	10	–	A	K
Zwiebeln, getrocknet 100 g	338	1415	11	1	69	–	A	K

Obst	Kilokalorien (kcal)	Kilojoule (kj)	Eiweiß (g)	Fett (g)	Kohlenhydrate (g)	Cholesterin (mg)	Vitamine	Mineralstoffe
Ananas 100 g 1 Sch. = 50 g	56	234	–	–	13	–	C	K
Ananas, Dose 100 g 1 Sch. = 50 g	95	398	–	–	23	–	C	K
Apfel 100 g 1 Apfel = 125 g	55 69	230 289	– –	– 1	13 16	– –	C C	K K
Apfelmus Dose 100 g 1 EL = 20 g	79	331	–	–	19	–	–	K
Apfelsinen/Orangen 100 g 1 Apfelsine = 150 g	54 81	226 339	1 2	– –	12 18	– –	C C	K K
Aprikosen 100 g 1 Aprikose = 40 g	54 22	226 92	1 –	– –	13 5	– –	A, C A, C	K K
Aprikosen Dose 100 g 1 Fruchthälfte = 20 g	93 19	389 80	1 –	– –	23 5	– –	A, C A, C	K K
Bananen 100 g = 1 kleine Frucht	99	414	1	–	23	–	C	K
Birnen 100 g	56	234	–	–	13	–	C	K
Birnen Dose 100 g 1 Fruchthälfte = 50 g	72	301	–	–	18	–	–	K
Blaubeeren/Heidelbeeren 100 g	62	260	1	1	14	–	C	K

	Kilokalorien (kcal)	Kilojoule (kj)	Eiweiß (g)	Fett (g)	Kohlenhydrate (g)	Cholesterin (mg)	Vitamine	Mineralstoffe
Blaubeeren/Heidelbeeren Dose, 100 g	90	377	1	1	20	–	–	K
Blaubeeren/Heidelbeeren, Dose, ohne Zucker 100 g	37	155	–	–	8	–	C	K
Brombeeren 100 g	48	201	1	1	9	–	C	K
Erdbeeren 100 g 1 Frucht = 10 g	37	155	1	–	8	–	C	K
Erdbeeren Dose 100 g	86	360	1	–	20	–	C	K
Feigen, frisch 100 g	73	306	1	1	16	–	–	K, Ph
Grapefruit 100 g 1 St. = 200 g	32	134	1	–	10	–	C	K
Hagebutten 100 g	102	427	4	–	22	–	C	–
Heidelbeeren (siehe Blaubeeren)								
Himbeeren 100 g	40	167	1	–	8	–	C	K
Himbeeren Dose 100 g	104	435	1	–	25	–	C	K
Holunderbeeren 100 g	46	193	3	–	9	–	C	K

	Kilokalorien (kcal)	Kilojoule (kj)	Eiweiß (g)	Alkohol (g)	Extrakt (g)	Cholesterin (mg)	Vitamine	Mineralstoffe
Johannisbeeren, rot 100 g	45	188	1	–	10	–	C	K
Johannisbeeren, schwarz 100 g	57	239	1	–	12	–	C	K
Kirschen Dose 100 g	80	335	1	–	19	–	C	K
Kirschen, sauer 100 g	60	251	1	1	13	–	C	K
Kirschen, süß 100 g	67	280	1	–	15	–	C	K
Litschi 100 g	71	297	1	–	16	–	C	–
Mandarinen 100 g 1 Mandarine = 75 g	48 36	201 151	1 1	– –	11 8	– –	C C	K K
Mango 100 g	63	263	1	–	15	–	C	K
Melone (Honig-, Zucker-) 100 g	52	218	1	–	8	–	C	K
Melone (Wasser-) 100 g	24	100	1	–	5	–	C	K
Mirabellen 100 g	67	281	1	–	16	–	C	K
Orangen (siehe Apfelsinen)								

	Kilokalorien (kcal)	Kilojoule (kj)	Eiweiß (g)	Alkohol (g)	Extrakt (g)	Cholesterin (mg)	Vitamine	Mineralstoffe
Passionsfrucht 100 g	80	336	2	–	16	–	C	K
Pfirsiche 1 St. = 100 g	46	193	1	–	11	–	C	K
Pfirsiche Dose 100 g 1 Fruchthälfte = 50 g	77	233	–	–	19	–	C	K
Pflaumen 100 g 1 St. = 20 g	62	260	1	–	15	–	C	K
Preiselbeeren 100 g	46	193	–	1	10	–	C	K
Preiselbeeren, Dose 100 g 1 EL = 20 g	195	816	1	–	48	–	–	K
Preiselbeeren, Dose, 100 g ohne Zucker	43	180	1	1	9	–	–	K
Quitten 100 g	68	285	–	1	16	–	C	K
Stachelbeeren 100 g	72	301	1	–	17	–	C	K
Weintrauben 100 g	74	310	1	1	17	–	C	K
Zitronen 100 g 1 Zitrone = 64 g	28 18	117 75	1 –	1 –	7 5	– –	C C	K K

Trocken-obst	Kilokalorien (kcal)	Kilojoule (kj)	Eiweiß (g)	Alkohol (g)	Extrakt (g)	Cholesterin (mg)	Vitamine	Mineralstoffe
Äpfel 100 g	279	1168	1	4	65	–	C	K
Aprikosen 1/2 Frucht = 10 g	306	1281	5	2	70	–	A	K, Ph
Datteln 100 g	269	1126	4	1	61	–	–	K
1 Dattel = 8 g	22	92	–	–	5	–	–	K
Feigen 100 g	272	1139	4	1	62	–	–	K
1 Feige = 30 g	82	343	1	–	18	–	–	K
Pfirsiche 100 g	282	1181	3	1	66	–	C	K
Pflaumen 100 g	249	1043	2	2	59	–	A	K
1 Pflaume = 8 g	20	84	–	–	5	–	A	K
Rosinen 100 g	271	1135	2	1	64	–	–	K
1 EL Rosinen = 15 g	41	172	–	–	10	–	–	K
Trockenobst, gemischt 100 g	276	1156	3	–	64	–	A, B_1, C	K

Kartoffeln Kartoffel-produkte	Kilokalorien (kcal)	Kilojoule (kj)	Eiweiß (g)	Fett (g)	Kohlenhydrate (g)	Cholesterin (mg)	Vitamine	Mineralstoffe
Gekochte Klöße (Pulver) 100 g	355	1486	6	–	74	–	–	–
Kartoffeln, 1 große oder 3 kleine = 100 g	87	364	2	–	19	–	B_1, C	K
Kartoffelpuffer/ Reibekuchen 3 St.	360	1507	4	–	80	–	–	–
Knödelpulver, halb und halb 100 g	355	1486	6	–	77	–	–	–
Krokettenpulver 100 g	360	1507	10	1	76	–	–	–
Pommes frites, erhitzt 100 g	220	921	4	8	34	–	–	–
Püreepulver 100 g	357	1495	7	1	79	–	–	–

Getreide-produkte	Kilokalorien (kcal)	Kilojoule (kj)	Eiweiß (g)	Fett (g)	Kohlenhydrate (g)	Cholesterin (mg)	Vitamine	Mineralstoffe
Buchweizenmehl 100 g 1 EL = 10 g	369	1545	6	1	80	–	B_1, B_2 Niacin	Ph
Haferflocken 100 g 1EL = 10 g	402	1683	14	7	66	–	B_1, B_2 Niacin	K, Ph
Kartoffelstärke 100 g 1 EL = 10 g	361	1511	1	–	83	–	–	–
Mais-Frühstücks-flocken/Corn Flakes 1 EL gehäuft = 10 g	39	163	1	1	8	–	B_2 Niacin	–
Maismehl 100 g 1 EL = 10 g	376	1574	9	3	74	–	B_1, B_2 Niacin	–
Maisstärke/Speise-stärke 100 g 1 EL = 10 g	367	1537	–	1	87	–	–	–
Reis, poliert 100 g 1 Port., roh = 30 g	368	1541	7	1	79	–	–	K
Reis, unpoliert 100 g 1 Port., roh = 30 g	371	1553	7	2	75	–	B_1, B_2 Niacin	K
Reismehl 100 g 1 EL = 10 g	371	1553	7	1	79	–	–	–
Reisstärke 100 g 1 EL = 10 g	361	1511	1	–	85	–	–	–
Roggenkeime 100 g 1 EL = 8 g	404 32	1691 134	44 1	11 1	26 2	– –	A, B_1, B_2 Niacin	–

	Kilokalorien (kcal)	Kilojoule (kj)	Eiweiß (g)	Fett (g)	Kohlenhydrate (g)	Cholesterin (mg)	Vitamine	Mineralstoffe
Roggenmehl, Typ 815 100 g 1 EL = 10 g	364	1524	7	1	77	–	B_1, B_2 Niacin	–
Weizenkeime 100 g	400	1675	27	9	46	–	B_1, B_2	
1 EL = 8 g	32	134	2	1	4	–	Niacin	–
Weizenmehl, Typ 405 100 g 1 EL = 10 g	368	1541	11	1	74	–	B_1, B_2 Niacin	–
Weizenmehl, Typ 1050 100 g 1 EL = 10 g	370	1549	12	2	71	–	B_1	–
Weizenstärke 100 g 1 EL = 10 g	369	1545	–	–	87	–	–	–

Teig-waren

Nudeln (Spaghetti, Makkaroni etc.) 100 g	390	1633	13	3	72	–	A, B_1, B_2 Niacin	–
Eier-Teigwaren 100 g	388	1624	14	3	70	140	A, B_1, B_2 Niacin	–

Brot und Gebäck	Kilokalorien (kcal)	Kilojoule (kj)	Eiweiß (g)	Fett (g)	Kohlenhydrate (g)	Cholesterin (mg)	Vitamine	Mineralstoffe
Brötchen 1 St. = 40 g	111	465	3	–	23	–	B_1, B_2, Niacin	–
Grahambrot 1 Sch. = 35 g	88	368	3	–	17	–	B_1, B_2, Niacin	Na, Ph
Roggen-Knäckebrot 1 Sch. = 10 g	38	159	1	–	8	–	B_1, B_2, Niacin	Na
Pumpernickel 1 Sch. = 30 g	74	310	2	–	15	–	B_1	Na
Roggenbrot 1 Sch. = 40 g	101	423	3	–	20	–	B_1, B_2, Niacin	Na, Ph
Roggenvollkornbrot 1 Sch. = 40 g	96	402	3	–	19	–	B_1, B_2, Niacin	Na, Ph
Schlüterbrot 1 Sch. = 35 g	100	419	2	–	20	–	B_1, B_2, Niacin	Na, Ph
Simonsbrot 1 Sch. = 35 g	87	364	2	–	18	–	B_1, B_2 Niacin	Na, Ph
Steinmetzbrot 1 Sch. = 35 g	89	373	3	–	18	–	B_1, B_2 Niacin	Na, Ph
Weißbrot 1 Sch. = 30 g	78	327	2	–	15	–	B_1, B_2 Niacin	Na, Ph
Weizenvollkornbrot 1 Sch. = 30 g	72	301	2	–	14	–	B_1, B_2 Niacin	Ph
Zwieback ohne Eier 1 St. = 10 g	40	167	1	–	8	–	Niacin	Ph

Backwaren	Kilokalorien (kcal)	Kilojoule (kj)	Eiweiß (g)	Fett (g)	Kohlenhydrate (g)	Cholesterin (mg)	Vitamine	Mineralstoffe
Apfeltorte 1 St. = 50 g	295	1235	4	11	42	78	A, B_1, B_2 Niacin	K
Baisers, gebacken 100 g	415	1738	8	–	92	–	–	–
Biskuitplätzchen 100 g	441	1846	9	5	82	280	–	Ca
Hefeteig, gebacken 100 g	310	1298	7	8	41	4	–	–
Honigkuchen 100 g	348	1457	6	1	76	–	–	–
Keks (Butter-, Hart-) 100 g 3 St. = 20 g	463	1938	15	11	70	37	–	Na
Mürbteig, gebacken 100 g	522	2186	8	26	60	35	–	–
Pflaumenkuchen (Hefe), 1 St. = 50 g	163	682	3	3	30	–	B_1, B_2 Niacin	–
Rührkuchen 1 St. = 50 g	260	1089	6	12	30	35	A, B_1, B_2 Niacin	Na
Russisch Brot 100 g	388	1624	7	1	88	140	–	–
Salzstangen 1 St. = 10 g	36	151	1	–	8	–	B_1, B_2 Niacin	Na
Stollen 1 Sch. = 100 g	404	1691	8	19	47	82	B_1, B_2 Niacin	Ph

Süßwaren Zucker	Kilokalorien (kcal)	Kilojoule (kj)	Eiweiß (g)	Fett (g)	Kohlenhydrate (g)	Cholesterin (mg)	Vitamine	Mineralstoffe
Apfelsinenkonfitüre 1 EL = 25 g	67	281	–	–	17	–	–	K
Aprikosenkonfitüre 1 EL = 25 g	66	276	–	–	16	–	–	–
Bonbons im Durchschnitt 100 g	390	1663	1	–	94	–	–	–
Brombeerkonfitüre 1 EL = 25 g	65	272	–	–	16	–	–	–
Einfacheiscreme 1 Portion = 125 g	176	737	6	4	28	13	–	Ca
Eiscreme 1 Portion = 125 g	256	1072	5	15	25	51	–	Ca
Erdbeerkonfitüre 1 EL = 25 g	65	272	–	–	16	–	–	–
Fondant 100 g	348	1457	–	–	88	–	–	–
Fruchteis (Milchbasis) 1 Portion = 125 g	172	720	2	2	36	9	–	Ca
Heidelbeerkonfitüre 1 EL = 25 g	68	285	–	–	17	–	–	–
Himbeerkonfitüre 1 EL = 25 g	68	285	–	–	17	–	–	–
Honig 1 EL = 20 g	61	255	–	–	16	–	–	–

	Kilokalorien (kcal)	Kilojoule (kj)	Eiweiß (g)	Fett (g)	Kohlenhydrate (g)	Cholesterin (mg)	Vitamine	Mineralstoffe
Johannisbeer-konfitüre 1 EL = 25 g	64	268	–	–	16	–	C	–
Kakaopulver, schwach entölt 100 g	472	1976	20	25	38	–	B_1, B_2 Niacin	K, Ca, Ph
Marmelade im Durchschnitt 1 EL = 25 g	65	272	–	–	17	–	–	–
Marzipan 100 g	457	1913	8	18	64	–	–	–
Vollmilchschokolade 1 Tafel = 100 g	563	2357	9	33	55	–	–	Ca
Milchspeiseeis 1 Portion = 125 g	160	670	6	3	27	13	–	–
Pralinen, im Durch-schnitt, 9 St. = 100 g	457	1913	5	16	70	–	–	–
Quittenkonfitüre 1 EL = 25 g	64	268	–	–	16	–	–	–
Diabetiker-Zucker (Sorbit. inst.) 1 TL = 3 g	11	46	–	–	–	–	–	–
Würfelzucker 4 St. = 10 g	40	167	–	–	10	–	–	–
Zucker 1 EL = 15 g	60	251	–	–	15	–	–	–

Nüsse	Kilokalorien (kcal)	Kilojoule (kj)	Eiweiß (g)	Fett (g)	Kohlenhydrate (g)	Cholesterin (mg)	Vitamine	Mineralstoffe
Cashew-Nüsse								
100 g	604	2529	18	42	32	–	–	K, Ph
Handvoll = 30 g	181	758	5	13	10	–	–	K, Ph
Edelkastanien, geschält 100 g	211	883	3	2	43	–	–	K, Ph
Erdnüsse, ger. 100 g	650	2721	26	59	18	–	A	K, Ph
Handvoll = 30 g	195	810	8	15	5	–	A	K, Ph
Haselnußkerne								
100 g	694	2906	14	62	14	–	–	K, Ph
1 EL ger. = 10 g								
10 St. = 15 g	104	435	2	9	2	–	–	K, Ph
Kokosnußraspel								
100 g	399	1671	4	37	10	–	–	K, Ph
1 EL = 10 g								
Mandeln, süß, gesch.								
100 g								
1 EL ger. = 10 g	651	2726	18	54	16	–	A	K, Ph
10 St. = 20 g	65	272	2	5	2	–	A	K, Ph
Paranußkerne								
100 g	714	2989	14	67	7	–	–	K, Ph
Pistazien, geschält								
100 g	642	2688	21	52	16	–	A	K, Ph
Walnußkerne 100 g	705	2952	14	63	14	–	C	K, Ph
1 EL gerieben = 10 g								
10 St. = 25 g	176	737	4	16	3	–	C	K, Ph

Fertig-produkte	Kilokalorien (kcal)	Kilojoule (kj)	Eiweiß (g)	Fett (g)	Kohlenhydrate (g)	Cholesterin (mg)	Vitamine	Mineralstoffe
Bäckerhefe, gepreßt 20 g	20	83	3	–	1	–	B_1, B_2 Niacin	–
Bratensoße, kochfertig 100 g	350	1465	10	10	53	–	–	–
Brühwürfel 1 St. = 10 g	19	80	2	1	–	–	–	Na
Brühwürfel, fettreich 1 St. = 10 g	36	151	2	3	–	–	–	Na
Gelatine 6 Blatt = 10 g	34	142	8	–	–	–	–	–
Gelatine 1 EL gemahlen = 6 g	20	84	5	–	–	–	–	–
Mayonnaise 80% 100 g 1 EL = 20 g	758	3174	2	80	2	142	–	–
Mayonnaise 50% 100 g	502	2102	2	50	8	81	–	–
Speisewürze, flüssig 1 TL = 5 g	6	25	1	–	–	–	–	–
Tomatenketchup 100 g 1 EL = 20 g	107	448	2	–	21	–	A	Na, K
Tomatenmark 100 g	50	209	2	–	9	–	A	Na, K

Alkoholische Getränke	Kilokalorien (kcal)	Kilojoule (kj)	Eiweiß (g)	Fett (g)	Kohlenhydrate (g)	Cholesterin (mg)	Vitamine	Mineralstoffe
Apfelwein 1 Gl. = 20 cl	86	360	–	10	5	–	–	–
Bier, hell 1 Gl. = 20 cl	94	394	1	8	5	–	B_2 Niacin	–
Bier, dunkel 1 Gl. = 20 cl	66	276	1	5	7	–	–	–
Bier, Malz- 1 Gl. = 20 cl	104	435	1	2	21	–	–	–
Cognac 2 cl	67	281	–	10	–	–	–	–
Eierlikör 2 cl	67	281	1	3	2 Fett	–	–	–
Kirschwasser 2 cl	67	281	–	10	–	–	–	–
Magenbitter 2 cl	59	247	–	8	1	–	–	–
Rotwein, trocken 1 kl. Gl. = 10 cl	69	289	–	9	3	–	B_1, B_2 Niacin	–
Rotwein, halbtrocken 1 kl. Gl. = 10 cl	76	318	–	10	1	–	–	–
Rum 38% 2 cl	44	184	–	6	–	–	–	–
Sekt, trocken 5 cl	40	167	–	5	1	–	–	–

	Kilokalorien (kcal)	Kilojoule (kj)	Eiweiß (g)	Fett (g)	Kohlenhydrate (g)	Cholesterin (mg)	Vitamine	Mineralstoffe
Schnaps, klar 2 cl	53	222	–	8	–	–	–	–
Sherry 5 cl	64	268	–	8	2	–	–	–
Weißwein, trocken 1 kl. Gl. = 10 cl	61	255	–	8	–	–	–	–
Weißwein, halbtrocken 1 kl. Gl. = 10 cl	76	318	–	9	–	–	–	–
Wermut 5 cl	57	239	–	5	5	–	–	–
Whisky 4 cl	138	578	–	19	–	–	–	–

Alkoholfreie Getränke

Apfelsaft 1 kl. Gl. = 10 cl	46	193	–	–	12	–	–	K
Apfelsinensaft 1 kl. Gl. = 10 cl	47	197	1	–	10	–	C	K
Cola-Getränke, 1 Gl. oder 1 Fl. = 20 cl	88	368	–	–	11	–	–	–
Grapefruitsaft 1 Gl. = 10 cl	30	126	1	–	10	–	C	K

	Kilokalorien (kcal)	Kilojoule (kj)	Eiweiß (g)	Fett (g)	Kohlenhydrate (g)	Cholesterin (mg)	Vitamine	Mineralstoffe
Himbeersaft 1 Gl. = 10 cl	286	1197	–	–	69	–	C	K
Johannisbeersaft, rot 1 kl. Gl. = 10 cl	50	209	–	–	12	–	C	–
Johannisbeersaft, schwarz 1 kl. Gl. = 10 cl	55	230	–	–	13	–	C	K
Mandarinensaft 1 kl. Gl. = 10 cl	43	180	1	–	9	–	C	Ca
Möhrensaft 1 kl. Gl. = 10 cl	27	113	1	–	6	–	A	K
Sanddornsaft 1 kl. Gl. = 10 cl	26	109	1	2	–	–	C	–
Spinatsaft 1 kl. Gl. = 10 cl	13	54	1	–	2	–	C	Na, K
Tomatensaft 1 kl. Gl. = 10 cl	21	88	1	–	4	–	A	–
Traubensaft 1 kl. Gl. = 10 cl	71	297	–	–	18	–	C	K
Rote-Bete-Saft 1 kl. Gl. = 10 cl	42	176	1	–	9	–	–	Na, K
Zitronensaft 10 cl	24	100	–	–	8	–	C	–

Tabelle des täglichen Vitaminbedarfs

Die Berechnungen dieser Tabelle sind für diejenigen erfaßt, die normale körperliche Arbeit leisten. Anstrengende Tätigkeiten sowie Schwerarbeit erhöhen den Kilokalorien-/Kilojoulebedarf und somit auch den Vitaminbedarf, der mit dem Kilokalorien-/Kilojouleverbrauch zusammenhängt. Die hier angegebenen Mengen sind jedoch so großzügig aufgestellt, daß jeder sicher sein kann, damit den täglichen Bedarf an Vitaminen decken zu können.

	Vitamin A I.E.*	Vitamin B_1 mg	Vitamin B_2 mg	Niacin mg	Vitamin C mg	Vitamin D I.E.*
Männer	5000	1,5	2,0	15	75	–
Frauen	5000	1,2	1,6	12	70	–
Schwangere Frauen	6000	1,8	2,5	18	100	400-800
Stillende Frauen	8000	2,0	3,0	20	150	400-800
Kinder von						
1 bis 3 Jahren	2000	0,6	0,9	6	35	400
4 bis 6 Jahren	2500	0,8	1,2	8	50	400
7 bis 9 Jahren	3500	1,0	1,5	10	60	400
10 bis 12 Jahren	4500	1,2	1,8	12	75	400
Mädchen von						
13 bis 15 Jahren	5000	1,3	2,0	13	80	400
16 bis 20 Jahren	5000	1,2	1,8	12	80	400
Knaben von						
13 bis 15 Jahren	5000	1,5	2,0	15	90	400
Junge Männer von						
16 bis 20 Jahren	6000	1,8	2,5	18	100	400

*) I. E. = Internationale Einheiten

Tabelle des Vitamingehalts der wichtigsten Nahrungsmittel

Die nächste Tabelle gibt Aufschluß über den durchschnittlichen Vitamingehalt der gebräuchlichsten Lebensmittel. Sie soll speziell dazu dienen, vitaminreiche Kost auf den ersten Blick erkennen zu lassen, indem deren Werte aus diesem Grund durch fettgedruckte Ziffern deutlich sichtbar gemacht wurden.

Die teilweise leeren Spalten in der Tabelle bedeuten nicht, daß das betreffende Vitamin fehlt, sondern besagen nur, daß sein Gehalt zu niedrig ist, um von Belang zu sein. Die Niacin-Werte der jeweiligen Nahrungsmittel entsprechen ungefähr jenen des Vitamins B_1 (Thiamin) und Vitamins B_2 (Riboflavin).

Nahrungsmittel	Menge	Vitamin A I. E.	Vitamin B_1	Vitamin B_2	Vitamin C mg	Vitamin D I. E.
Ananas (in Büchsen)	2 Scheiben	100	0,08	0,02	10	
Ananassaft (in Büchsen)	1/2 Tasse	130	0,07	0,03	17	
Apfelsinen	1 mittelgroße	300	0,12	0,07	**55**	
Apfelsinensaft	1/2 Glas	200	0,12	0,07	**45**	
Äpfel, roh	1 mittelgroßer	100	0,06	0,20	12	
Aprikosen, gedörrt	1/2 Tasse, einschließlich Einweichwasser	**1800**	0,12	0,24	4	
Austern	10	300	0,55		5	10
Bananen	1 mittelgroße	375	0,10	0,06	10	
Blumenkohl, gekocht	1/2 Tasse	**8000**	0,09	**0,45**	22	
Bohnen, grüne	1/2 Tasse, einschließlich Kochwasser	**450**	0,09	0,12	4	
Bohnen, weiße	1/2 Tasse	70	0,13			
Brot, Vollkorn	1 Scheibe	6	0,10	0,02		
Brot, weiß	1 Scheibe	5	0,04	0,02		
Butter	30 g	175				8
Datteln	10	100	0,07			
Eier	1	**600**	0,03	0,10		
Erbsen, grüne	1/2 Tasse, gekocht	**800**	**0,25**		6	

Nahrungsmittel	Menge	Vitamin A I. E.	Vitamin B_1	Vitamin B_2	Vitamin C mg	Vitamin D I. E.
Erdnüsse	60 g		**0,27**	0,25		
Fisch, mager	120 g	8	0,20			
Grapefruit	1/2 mittelgroße		0,06	0,05	**50**	
Grapefruitsaft, frisch	1/2 Tasse	10	0,06	0,05	**45**	
Grapefruitsaft, in Dose	1/2 Tasse		0,06	0,05	**35**	
Haferflocken, roh	120 g		**0,35**	0,06		
Hefe (Nährhefe)	1 Portion	**3100**	**0,30**	**65**		
Huhn, Brust	120 g		**0,30**	0,17		
Kalbfleisch, mager	120 g		0,15	0,37		
Kartoffeln	1 mittelgroße	80	0,16	0,08	20	
Käse, mager	50 g	**550**	0,01	0,15		
Kefen, geschmort	120 g	**2200**	0,05	0,08	5	
Kohl (Weißkohl), gekocht	1/2 Tasse	**750**	0,10	0,07	**25**	
Kohl, roh, gehobelt	1/2 Tasse	**550**	0,12	0,08	**30**	
Kopfsalat	1/4 Kopf	**6500**	0,08	0,23	9	
Lachs, in Dose	3/4 Tasse	250	0,01	0,20		**400**
Lattich, grün	3 große Blätter	**1500**	0,03	0,04	6	
Leber (vom Rind)	120 g	**12000**	**0,40**	**1,95**	15	**40**

Nahrungsmittel	Menge	Vitamin A I. E.	Vitamin B_1	Vitamin B_2	Vitamin C mg	Vitamin D I. E.
Löwenzahnblätter, gekocht	1/2 Tasse	**18000**	0,22		**35**	
Mangold, gekocht	1/2 Tasse	**12000**			16	
Mehl, Vollkorn	1/2 Tasse		**0,25**	0,05		
Mehl, weiß	1 Tasse		0,10	0,04		
Melonen	1/2 mittelgroße	**550**	0,06	0,07	**25**	
Milch, mager	225 g	25	0,09	**0,60**		
Milch (Vollmilch), pasteurisiert	225 g	275	0,08	**0,54**	2	4
Möhren, gekocht	1/2 Tasse		3200	0,11	0,12	2
Möhren, roh	1 große	**3900**	0,10	0,11	3	
Nieren	1/2 Tasse	**900**	**0,45**	**1.70**		
Orangen (siehe Apfelsinen)						
Paprikaschote	1 mittelgroße	**600**	0,12		**100**	
Petersilie, gehackt	1 Eßlöffel	**900**			2	
Pfirsiche, gelbe	1 mittelgroßer	**900**		0,01	**7**	
Pflaumen, gekocht	1/2 Tasse	**2500**	0,08	0,06	10	
Preiselbeeren, frisch	3/4 Tasse	25			10	
Magerquark	1/4 Tasse	100		0,12		
Rindfleisch, mager	120 g	70	0,20	0,22		

Nahrungsmittel	Menge	Vitamin A I. E.	Vitamin B_1	Vitamin B_2	Vitamin C mg	Vitamin D I. E.
Rosenkohl, gekocht	1/2 Tasse	250	0,17	**0,50**	**36**	
Sahne	1 Eßlöffel	150	0,005	0,06		
Sahne, geschlagen	1 Eßlöffel	225	0,004	0,05		
Salat (s. Kopfsalat)						
Schinken	120 g		**1,20**	0,25		
Schweinefleisch, mager, gebraten	120 g		**0,86**	0,20		
Schweinskotelett	1 kleines		**0,68**	0,17		
Sellerie, grün	2 Stangen	300	0,02	0,01	2	
Spinat, gekocht	1/2 Tasse	**17000**		0,35	22	
Thunfisch, in Dose	100 g	**8900**	0,10	0,05		**50**
Tomaten, gekocht	1/2 Tasse	**600**	0,09	0,04		15
Tomaten, roh	1 mittelgroße	**700**	0,08	0,04		**23**
Tomatensaft	1/2 Tasse	**900**	0,09	0,06		**28**
Weizenkeimlinge	15 g		**0,30**	0,10		
Wirsing, gekocht	1/2 Tasse	**18000**	0,15	**0,47**	20	
Zitronensaft	2 Eßlöffel	8	0,10		20	

Literaturnachweis

Dr. Robert C. Atkins, »DIÄT-REVOLUTION – Der kalorienreiche Weg zu gesunder Schönheit!«, Fischer Taschenbuch Verlag GmbH, Frankfurt am Main.

K. A. Beyer, »DIE ZITRONENSAFTKUR«

Donald G. Cooley, »ISS DICH SCHLANK! Der richtige Weg zum Schlankwerden und Schlankbleiben ohne Gymnastik, Medikamente, Massage und Hungerdiät. Mit Speisezettel für Cooleys zehntägige Wunderkur«, Albert Müller Verlag, Rüschlikon-Zürich · Stuttgart · Wien.

Dr. Heinz Humplik und Käte Humplik, »DIE HUMPLIK-KUR – Schlank ohne Anstrengung, Fasten und Medikamente«, Verlag Wilhelm Maudrich, Wien–München–Bern.

Ulrich Klever, »KLEVERS GARANTIE-DIÄT – Schlank werden mit Sicherheit«, Rowohlt Taschenbuch Verlag GmbH, Reinbek bei Hamburg.

Manfred Köhnlechner, »DIE MANAGERDIÄT – Fit ohne Fasten«, Rowohlt Taschenbuch Verlag GmbH, Reinbek bei Hamburg.